La hora de los depredadores

**Seix Barral** Los Tres Mundos

Giuliano da Empoli
La hora de los depredadores

Traducción del francés por
Adolfo García Ortega

Título original: *L'heure des prédateurs*

© Éditions Gallimard, París, 2025
© por la traducción, Adolfo García Ortega, 2025
© Editorial Planeta, S. A., 2025
   Seix Barral, un sello editorial de Editorial Planeta, S. A.
   Avda. Diagonal, 662-664, 08034 Barcelona (España)
   www.seix-barral.es
   www.planetadelibros.com

pág. 7: Curzio Malaparte, *Técnicas de golpe de Estado*, traducido del italiano por
Vítora Guevara, © Editorial Ariel, 2017
pág. 167: Sándor Márai, *El último encuentro*, traducido del húngaro por Judit Xantus
© Salamandra Ediciones, 2025

Primera edición: octubre de 2025
Segunda impresión: noviembre de 2025
ISBN: 978-84-322-4893-1
Depósito legal: B. 14.085-2025
Composición: Realización Planeta
Impresión y encuadernación: Gómez Aparicio
Impreso en España

Entre los héroes cuyas vidas ejemplares nos cuenta Plutarco, los caballeros escasean.

Curzio Malaparte

Cuando las primeras noticias del desembarco de Hernán Cortés llegaron a la capital del Imperio azteca, Moctezuma II convocó de inmediato a sus más próximos consejeros. ¿Qué actitud había que adoptar frente a esos inesperados visitantes llegados de no se sabía dónde a bordo de curiosas ciudades flotantes?

Algunos estimaron que había que rechazar a los intrusos en el acto. No les habría costado mucho a las tropas imperiales acabar con esos centenares de imprudentes que habían osado penetrar en las tierras de la Triple Alianza sin haber sido invitados. «Sí, pero», dijeron otros. Según los primeros informes acerca de los extranjeros, estos parecían dotados de poderes sobrenaturales: estaban recubiertos enteramente de metal, contra el que rebotaban las más aceradas flechas. Cabalgaban sobre grandes bestias similares a ciervos, que los obedecían sin rechistar. Y sobre todo, dominaban el soplo de fuego y trueno con cerbatanas que les permitían matar a cuantos se oponían a su voluntad. ¿Y si en vez de bárbaros imprudentes se trataba de dioses? ¿Y si su jefe, blanco, barbado, tocado con un casco brillante, era el dios expulsado, la serpiente de plumas Quetzalcóatl, que volvía a sus tierras?

Atenazado por opiniones tan contrarias, el emperador hizo lo que todo político hace en cualquier época y en semejante situación: decidió no decidir. Envió a los extranjeros una embajada cargada de regalos, para impresionarlos con el esplendor de su reino, pero les prohibió dirigirse hacia la capital. El resultado fue el que, en cualquier época, suele derivarse de semejante disyuntiva: al querer evitar la guerra a costa de su deshonor, Moctezuma tuvo deshonor y guerra.

En el transcurso de las tres últimas décadas, los responsables políticos de las democracias occidentales se han comportado, ante los conquistadores tecnológicos, exactamente igual que los aztecas del siglo XVI. Enfrentados al rayo y al trueno de internet, de las redes sociales y de la IA, se han sometido, con la esperanza de que los salpicara un poco de polvo mágico.

No sabría decir el número de veces en que he tenido que asistir a esos rituales de degradación. En cualquier capital, siempre se repite la misma escena. El oligarca aterriza en su jet privado, con un humor de perros por el hecho de verse obligado a malgastar su tiempo con un jefe de tribu obsoleto, en vez de emplearlo más útilmente en un nuevo logro posthumano. Después de recibirlo a bombo y platillo en un marco dorado, el político invierte buena parte de su breve entrevista privada en suplicarle la concesión de un centro de investigación o de un laboratorio de IA, y acaba por contentarse con un selfi deprisa y corriendo.

Como en el caso de Moctezuma, su docilidad no ha bastado para garantizar la supervivencia de nuestros gobernantes: después de haber fingido respetar su autoridad mientras se encontraban en posición de inferioridad, los conquistadores fueron imponiendo progresivamente su propio imperio. Hoy en día, la hora de los depredadores ha llegado y en todas partes las cosas evolucionan de tal manera que todo lo que deba ser regulado lo será a sangre y fuego.

Este pequeño libro es el relato de esos hechos, escrito desde el punto de vista de un escriba azteca y a su manera, mediante imágenes más que conceptos, con el objetivo de captar los estertores de un mundo que se hunde en el abismo y el frío control de otro que toma su lugar.

Cuatro hombres con trajes color marrón acompañan al presidente de la Autoridad Palestina. Uno es un poco más alto, otro un poco más gordo, pero todos tienen el mismo pelo gris, la piel rugosa, el rostro ajado de los burócratas o de los antiguos guerreros convertidos en burócratas. Cuando se sientan, sus pantalones marrones dejan ver sus calcetines cortos, grises, comidos dentro de sus zapatos de rebajas. Mientras Abbas recita su monólogo sobre la tragedia que está sucediendo, los hombres de marrón permanecen totalmente inmóviles, con una sola expresión, la de un vago pesar, en sus cuatro caras. En un momento dado, su jefe establece un paralelo con las guerras de 1948 y 1967, que obligaron a exiliarse a cientos de miles de palestinos. Quién sabe dónde estaban ellos entonces. Recién nacidos, luego adolescentes, llevados de un lado a otro por los violentos azares de la historia. Su expresión no cambia, están demasiado cansados. Tampoco cambia cuando el presidente francés toma la palabra. Algunos de ellos, tal vez, entiendan el idioma. Los otros han de esperar la traducción del intérprete. Pero nada parece poder traspasar el muro de su agotamiento, incluso cuando la conversación entre los dos jefes de Estado se anima.

Hasta que se pronuncia una palabra inesperada en el flujo de todas las palabras acordadas, clasificadas de antemano entre los millones de palabras que pueblan este tipo de encuentros. Al oírla, los hombres de marrón se mueven. Sus cuerpos hundidos se tensan hacia los dos presidentes, de pronto les brillan los ojos. Sacan sus libretas, empiezan a tomar notas e intercambian miradas furtivas, casi alegres.

Nadie encarna mejor que Lula «esa mezcla de hombre de Estado y chico travieso» que Mérimée observaba ya en Palmerston. Se confunde, llama «Sarkozy» a Macron, quizá porque ha visto demasiadas cosas ya, una vida de obrero, treinta años de lucha, la prisión, dos mandatos de presidente de Brasil, la Bolsa Familia que ha sacado de la pobreza absoluta a millones de brasileños. Luego la caída, de nuevo a prisión por un escándalo absurdo del que termina por ser absuelto, la resurrección y, a los setenta y seis años, una nueva elección a la presidencia. Ningún dirigente en el mundo puede jactarse de una trayectoria como esa. Lula bromea, provoca, está de vuelta de todo, pero todavía es capaz de tener ocurrencias, sabe hacer reír y sabe emocionar, entra en una sala llena de jefes de Estado y se convierte en el centro.

Al final de la reunión, menciona Haití, cuya capital está en manos de las bandas, y se compromete a ocuparse de ello. El presidente francés le presenta a Dany Laferrière, que acaba de llegar precisamente de allí. Lula se entusiasma, abraza a Dany, le da una palmadita en el hombro, como a un hermano perdido hace mucho tiempo. «Y ahora he aquí a otro escritor», le dice Macron. «Pero yo solo soy italiano», le digo yo, un poco apurado. Lula se ríe y me consuela con un abrazo.

El guardaespaldas del presidente iraní se pone delante de la puerta de la salita en la que su patrón discute con el presidente francés. El guardia de seguridad del Elíseo se acerca a él: «Señor, no puede quedarse aquí». El iraní ni se inmuta. El francés insiste: «Señor, veo que va armado y eso no está permitido. Está usted en territorio francés». El iraní lo mira de arriba abajo: «Mi presidente está ahí dentro». «El mío también, le aseguro que el suyo no corre peligro.» El iraní acepta moverse unos centímetros. A su vez, el agente del *Secret Service* estadounidense interviene también: «Señor, usted no tiene derecho a quedarse aquí». El iraní sigue sin inmutarse. «Además, veo que va usted armado y eso no está permitido. Está usted en territorio americano.» El francés tiene un momento de confusión. El iraní aprovecha para volver a la posición anterior delante de la puerta. «¡Señor, usted no puede quedarse ahí!» Y la cosa vuelve a empezar desde el principio.

Como el Waterloo de Fabrizio del Dongo, la Asamblea General de la ONU no puede verse en su totalidad. Está la perspectiva de los dirigentes, convencidos de ser el motor del mundo, con mucha frecuencia sujetos a obligaciones, a veces capaces de crear un acontecimiento, aunque no siempre para bien. Está la de los asesores y los *sherpas*, que tejen su propia red e intercambian miradas cómplices porque conocen el antes y el después de las cosas, lo que sucede en el escenario y lo que no está a la vista de nadie. Y está la de los guardaespaldas, que se miran con cara de pocos amigos y sufren porque la noción misma de perímetro de seguridad se revela aquí como una utopía.

Ahora, coge estos tres niveles, los líderes, los asesores y los guardaespaldas, y multiplícalos por ciento noventa y tres, que es el número de delegaciones nacionales presentes en la Asamblea General. Cada una con la inquebrantable convicción de ser el centro del mundo. Incluso Tuvalu. Incluso Timor Oriental. Empezarás a comprender por qué es imposible que la ONU funcione. Pero tal vez también por qué no podemos prescindir de ella.

En este mundo hay algo terrible, y es que cada cual tiene sus razones. La conclusión de Jean Renoir adquiere aquí la forma de una institución cuya vocación es hacer que todas esas razones se reúnan. Sin embargo, no se trata de un proceso teórico. La Asamblea General de la ONU es, ante todo, un asunto corporal.

Los cuerpos de los dirigentes, acostumbrados a los vastos espacios de los palacios en que residen habitualmente, se encuentran unos con otros en la estrechez de los pasillos y de las salas claustrofóbicas del Palacio de Vidrio (que lleva muy mal su nombre). Los cuerpos de los asesores, de los *sherpas*, encaramados en sus sillas plegables, siempre al acecho, en el flujo de fórmulas rituales, de la palabra que les permita seguir adelante contra viento y marea. Y los cuerpos de los guardaespaldas, a quienes se les impide hacer su trabajo y que, enfadados o tomándose las cosas con filosofía, corren para no distanciarse y acaban chocando con otros cuerpos.

El cuerpo de los poderosos es una entidad abstracta. Inmerso en el fasto de los rituales que pautan su vida, de los dorados de los palacios, de las sirenas de las comitivas, terminan convirtiéndose en un símbolo, la encarnación de una entidad colectiva, la nación, el Estado. Pero para que se produzca la metamorfosis, para que un simple cuerpo humano se convierta en la encarnación de millones de otros cuerpos, hace falta el lugar: las «dimensiones harto considerables para el reducido número de sus huéspedes», el silencio y el «lujo inamovible» que Flaubert atribuía a las residencias regias.

En el Antiguo Egipto, los peldaños que llevaban a los pies del faraón eran más grandes de lo necesario para que cada persona que subía por ellos sintiera su inferioridad. En Berlín, la cancillería construida por Albert Speer para Hitler se componía esencialmente de un interminable pasillo de ciento cincuenta metros por el que los visitantes tenían que andar antes de llegar al despacho de paredes rojo sangre donde los esperaba el Führer.

Distancia, inaccesibilidad: cuanto más alejado esté el individuo, más importancia cobra el símbolo abstracto sobre el cuerpo físico. Menos en los espacios de la sede de la ONU, demasiado estrechos, demasiado repletos de poderosos: ochenta y siete jefes de Estado en el año 2024, más veintiocho jefes de Gobierno, sin contar a los ministros, a los embajadores, a los jefes de organizaciones internacionales, de la Unión Europea, de la OTAN. Por consiguiente, la transfiguración no puede llevarse a cabo y el cuerpo físico prevalece.

Una vez al año, la Asamblea General de la ONU supone el momento en que los hombres del poder vuelven a ser cuerpos.

Y todos esos cuerpos están en movimiento. Corren por los pasillos para llegar puntuales a las citas, o al menos no demasiado tarde. Se apretujan en los ascensores, pues no entrar en ellos equivale a ponerse a la cola, sin ninguna garantía de caber en el próximo. Se abren paso entre micrófonos y cámaras para acceder a la sala, repleta hasta los topes, en la que tal vez suceda algo. Algo que ellos podrán contar a sus nietos. O, lo que es más probable, algo que ya habrán olvidado a la mañana siguiente.

O se espera o se corre, no hay término medio. Tal es el ritmo de la Asamblea General, que es, por otra parte, el propio de la política de cada día. Tedioso a morir: como afirma Woody Allen, el noventa por ciento del éxito consiste en estar presente. Estar ahí. Y luego, de vez en cuando, dar un brinco.

La sugestiva hipótesis avanzada por Ortega y Gasset de un origen deportivo del Estado encuentra aquí una esplendorosa confirmación. El nivel de testosterona es tan elevado que los enfrentamientos físicos no son infrecuentes.

Sobre todo porque solo se trata, prácticamente, de cuerpos masculinos. Menos del diez por ciento de los

intervinientes en la Asamblea General son mujeres.
El secretario general de las Naciones Unidas, António
Guterres, lo ha lamentado una vez más en su alocu-
ción, pero es poco probable que la situación cambie
a corto plazo: la ONU no ha tenido jamás una mujer
al frente. Es más, los hombres que se encuentran aquí
no son hombres como los demás. Si la política es la
continuación de la guerra por otros medios, es lógico
que esta actividad atraiga, en todas partes, a los caracteres más violentos, aquellos que no le encuentran
sentido a su vida más que en la lucha.

Dos delegaciones, cada una con su líder, sus *sherpas*,
su jefe de protocolo, sus guardaespaldas, su agente del
Secret Service, se abalanzan por un estrecho corredor.
Cada una es el centro del mundo y tiene una cita vital
a la que es imposible llegar. Corren en sentido contrario, se arrollan. Cada una quiere que la otra se aparte,
ninguno de esos hombres está acostumbrado a ceder
el paso, para ellos lo normal son las carreteras corta-
das al tráfico, los accesos privilegiados, los cordones
que mantienen a distancia cualquier inconveniente.
Sorpresas, gritos, la tensión aumenta, los cuerpos se
agarran unos a otros, empiezan a empujarse. De re-

pente, los líderes se reconocen. Ah, es Boric, el presidente chileno, un verraco que camina con tanta determinación que cualquiera diría que es incapaz de apartar una silla. El conflicto queda temporalmente desactivado. Cada cual reanuda su carrera.

*

Hace diez años, cuando acompañaba al presidente del Consejo italiano en sus viajes alrededor del mundo, me inventé un estúpido juego con su portavoz, un apasionado como yo de las series de televisión. En esa época, era posible distinguir tres grandes categorías de series políticas. La primera, que se podría calificar de heroica, comprendía producciones como *El ala oeste de la Casa Blanca*, en la que se representaba la política como una competición virtuosa entre personas capaces y bien intencionadas. La segunda, más sombría, describía la política como una jungla hobbesiana en la que nadie es inocente y cuya única regla es la supervivencia. Era la categoría de *House of Cards*, muy popular entre los políticos porque los representaba como personajes maquiavélicos, brillantes y sin escrúpulos, sumidos en una vida apasionante de intrigas y jugarretas. En cambio, la tercera categoría, la de las *sitcoms* del estilo de *The Thick of It* o *Veep*, del gran Armando Iannucci, mostraba la vida política tal cual es: una comedia de enredo permanente, en la que unos personajes, casi siempre ineptos para el papel que ocupan, tratan de salir de apuros en situaciones inesperadas, a menudo absurdas y en ocasiones ridículas.

Al acabar cada jornada de viaje, Filippo y yo hacíamos balance: qué porcentaje había de *El ala oeste de la Casa Blanca*, de *House of Cards* y de *Veep*. El resultado era, por lo general, alrededor del diez por ciento para *El ala oeste de la Casa Blanca*, del veinte por ciento para *House of Cards* y el resto para *Veep*. Nos mondábamos de risa por aquel entonces: era una manera como cualquier otra de rebajar la tensión y el cansancio que se acumulan en ese tipo de circunstancias. Es más, el primer ministro australiano, Malcolm Turnbull, se nos había unido sin querer, al adoptar para las elecciones de 2016 el eslogan «Continuidad con cambio», que era el lema del personaje principal para su campaña presidencial en la cuarta temporada de *Veep*. «Hemos buscado el eslogan más absurdo que podíamos pensar», habían explicado los creadores de la serie.

Desde entonces, no cabe duda de que los tiempos se han vuelto considerablemente más oscuros. La actualidad permite cada vez menos ocasiones para reírse. En teoría, la agenda del presidente francés prevé un encuentro con «Su excelencia el señor Benjamin Netanyahu, primer ministro de Israel» a las 10.15 horas del 25 de septiembre. Pero, desde hace veinticuatro horas, en respuesta a los lanzamientos de cohetes que llueven constantemente sobre Israel, el ejército israelí ha lanzado una ofensiva de largo alcance en el sur del Líbano. Los muertos se cuentan ya por centenas y decenas de miles de personas han tenido que abandonar sus hogares para buscar refugio más al norte. Debido a esto, la presencia de Netanyahu en Nueva York no está asegurada. Es difícil venir a expresarse a la tribuna de la ONU en medio de una operación de ese calibre. Por su parte, Francia solicita la convocatoria urgente del Consejo de Seguridad, con el fin de sacar a Estados Unidos de su letargo prolongado y asociarse con Francia en la reclamación de un alto el fuego entre Israel y Hezbolá.

Una pieza esencial del puzle es Irán, enemigo implacable de Israel y gran sostenedor del Hezbolá libanés.

Precisamente, una avanzadilla de la presidencia iraní entra en la salita del despacho de Francia para inspeccionar el lugar. La última vez que lo vi fue en la Asamblea General de 2015, antes del encuentro entre el primer ministro italiano y el presidente de Irán. Aquel día, se habían presentado con dos ventiladores de la marca Dyson, justo antes de la llegada de su líder, distendido y sonriente. El acuerdo en materia nuclear era cosa de varias semanas y las relaciones entre la República Islámica y Occidente parecían mejorar.

Esta vez, el ambiente es distinto. Nada de ventiladores. El *advance team* inspecciona meticulosamente la salita, en busca de no se sabe qué. ¿Un micrófono? ¿Una bomba? ¿Ambas cosas? La delegación propiamente dicha llega: son el nuevo presidente, elegido tras la muerte de su predecesor en un accidente de helicóptero, el ministro de Asuntos Exteriores y dos consejeros, todos de negro, barbas relucientes, rostros inexpresivos.

Como de costumbre, el encuentro se desarrolla en tres niveles. En la salita, el presidente Pezeshkian recita la letanía que repetirá asimismo en la tribuna de la Asamblea: Ustedes, los occidentales, nos atacan por tonterías, se sublevan cada vez que un criminal es encarcelado en nuestro país y, al mismo tiempo, permiten la masacre de miles de inocentes en Gaza y, hoy también, en el Líbano... Deberían ustedes rebelarse, no solo en tanto que dirigentes políticos, sino sobre todo en tanto que seres humanos.

Durante ese tiempo, en el exterior, los guardaespaldas se entregan al ballet descrito más arriba. Sin embargo, como es con frecuencia el caso en esos rituales establecidos, la brecha se abre en el nivel intermedio, el de los *sherpas* al acecho de la oportunidad que les permita recuperar el hilo del diálogo. Al término de la reunión, uno de los iraníes se acerca a Emmanuel Bonne, el *sherpa* del presidente francés. Se presenta, entabla una breve conversación. Sacan sus respectivas tarjetas de visita. *«Let me give you my mobile number.»* Bonne añade a mano su número de móvil. Un hilo, infinitamente frágil, ha surgido de ninguna parte. Quién sabe si se materializará en algo.

Es el milagro de la Asamblea General: el último lugar donde las personas que no suelen hablarse pueden hacerlo. A no ser que las personas no vayan. La entrevista bilateral con Netanyahu queda anulada oficialmente. No obstante, el presidente de Chipre dice que llegará por la noche y parece que se alojarán en el mismo hotel. «Generalmente, los chipriotas siempre están bien informados», comenta su homólogo francés, entre irónico y optimista.

El otro asunto que sobrevuela el Palacio de Vidrio es el de Putin. El Zar no ha ido, pero su ministro de Asuntos Exteriores, Lavrov, atruena desde la tribuna de la Asamblea General: «La esperanza de Ucrania de vencer a Rusia en el campo de batalla es una insensatez, dado que Moscú posee armas nucleares y cualquier esfuerzo de la OTAN para seguir ayudando a Kiev resultará una carrera suicida».

El representante permanente de Francia en las Naciones Unidas me cuenta sus encuentros con Vladislav Surkov, el antiguo *spin doctor* de Putin que se tenía por artista, durante las primeras negociaciones sobre Ucrania. Me describe a un personaje frío, muy competente, más brutal de lo que me imaginaba. «Los demás rusos temblaban cuando él entraba en la habitación. No tenía ni que disimular. Cuando planteábamos la cuestión de la actitud de los separatistas, que el Kremlin pretendía no controlar, él respondía: "No se preocupen, ya me encargo yo"». En otra ocasión, Bonne, a su vez, me había descrito a Surkov como un negociador brutal, que podía llegar a amenazar físicamente, como hacen a menudo los rusos de esa calaña, pero también podía ser brillante, capaz de gestos sorprendentes: «Sin él, no queda más que la brutalidad», me había dicho el *sherpa*, con una pizca de pesadumbre.

Tres meses antes de la invasión de Ucrania, Surkov, destituido por Putin tiempo atrás, publicaba un artículo en el que todo estaba ya decidido. Toda sociedad, escribió él entonces, está sometida a la ley física de la entropía. Por muy estable que sea, ante la ausencia de una intervención exterior, acaba por producir el caos en su interior. Es posible gestionarlo hasta cierto punto, pero la única manera de resolver definitivamente el problema es exportarlo. Según Surkov, los grandes imperios de la historia se regeneran desplazando el caos que producen fuera de sus fronteras. Es el caso de los romanos en la Antigüedad, es el caso —según el autor— de los estadounidenses en el siglo xx. Y el de Rusia, «país para el que la expansión constante no es tan solo una idea, sino la verdadera razón existencial de nuestra historia».

Como todos los de su oficio, Surkov no determina los acontecimientos, se limita a añadir una capa de cinismo intelectual —*ya que esos misterios nos sobrepasan, finjamos ser sus organizadores*—, lo cual, sin embargo, no resta ni un ápice de interés a sus elucubraciones. Todos cuantos como él han viajado al centro del reactor y han aceptado decir cualquier cosa, por muy manipuladores que sean, comparten una cualidad, la pertinencia, algo que apenas tienen los que observan la máquina desde fuera.

La primera víctima de la siniestra estrategia descrita por Surkov hoy es Ucrania. El presidente francés tiene un encuentro con Zelenski cara a cara. Esta vez, no hay lugar para la trama de los *sherpas*. El momento es, quizá, el más dramático desde el inicio de la guerra. Los ucranianos están exhaustos, el ejército ruso, que ya ha sufrido centenares de miles de bajas, avanza, indiferente a cualquier coste humano, y las elecciones estadounidenses amenazan con implosionar una coalición internacional cada vez más incierta.

Ignoro lo que ambos dirigentes se han dicho en el búnker del sótano donde está el despacho de Ucrania. Lo que sé es que nunca había asistido a una escena como la que se ha producido al término de la reunión. Al cabo de una media hora, Macron abre la puerta, su cara parece un poema. Hace gesto de marcharse, la entrevista ha terminado. En ese momento, Zelenski surge del interior del cuarto. Bajo, musculoso, con el atuendo militar con el que el mundo entero ha aprendido a reconocerlo, tiene la cara deshecha, abatida. Parece a punto de llorar. Coge a Macron por detrás y le murmura algo al oído. Una súplica. El presidente francés se da la vuelta y le responde. Los dos hombres hablan todavía un minuto, muy tensos, muy cerca, sin que nadie pueda oírlos. Finalmente, Macron cambia el gesto, no sonríe, pero su mandíbula se relaja. «Es una idea», dice. Y deja a Zelenski en la puerta.

Cuando el caos sobrepasa cierto nivel, el único medio de restablecer el orden es elegir a un chivo expiatorio. Y el líder, el que sea, siempre es un chivo expiatorio en potencia. Tolstói lo compara con «un carnero cebado para el matadero». Cebado por los triunfos, la obediencia de sus súbditos, el poder y la fortuna, para ser, de golpe, abatido por la misma fuerza que lo ha elevado. Le deseo a Zelenski que pueda escapar de ese destino. Pero las leyes de la política toleran escasísimas excepciones.

Los romanos, sutiles conocedores de la tragedia política, habían colocado la roca Tarpeya al lado del Capitolio. Los traidores condenados a muerte eran arrojados al vacío desde allí, a pocos metros del lugar donde habían vivido sus horas de gloria. En nuestros días, ese principio sigue vigente, por mucho que la tragedia adquiera a menudo el aspecto de una farsa: diez por ciento *El ala oeste de la Casa Blanca*, veinte por ciento *House of Cards*, setenta por ciento *Veep*.

*

Recuerdo dos viajes a Estados Unidos, espaciados por cuatro meses. Durante el primero de ellos —estamos en octubre de 2016—, el presidente norteamericano Barack Obama había decidido recibir a su amigo Matteo Renzi en su última visita de Estado antes de abandonar él mismo la Casa Blanca. Guardia de honor en el aeropuerto, himnos nacionales, autopista hacia Washington cerrada al tráfico. Pasamos la noche en la Casa Blanca. A la mañana siguiente, el sol brilla sobre el césped inmaculado: el presidente norteamericano y su esposa esperan al presidente del Consejo italiano en lo alto de la escalinata. En cada escalón, un soldado con uniforme de gala, toque de cornetas, diecinueve salvas de cañón. Observo a Matteo y a su esposa con una vaga sensación de irrealidad.

Cuatro meses más tarde, nos encontramos en el

mismo aeropuerto de Washington, desembarcados de un vuelo regular. El procedimiento es laborioso. El viajero que me acompaña, Matteo Renzi, que ya no es primer ministro, parece despertar las sospechas del agente de control de fronteras. Sus colegas del servicio de inmigración le han rechazado la ESTA, la exención de visado a la que tienen derecho, en principio, todos los titulares de pasaportes europeos. «La razón es que fui a Irak e Irán, y lo hice como primer ministro.» Matteo sonríe, nunca ha carecido de ironía.

*

Dicho esto, en política, no solo la caída es dolorosa, la verdad es que se sufre todo el tiempo. Hay que estar hecho para eso. Como los peces abisales, habituados a sobrevivir bajo la presión de miles de toneladas de agua de mar.

Veamos, por ejemplo, a este hombre de rostro un tanto dubitativo, sentado a la mesa en el comedor de las delegaciones, en el cuarto piso del Palacio de Vidrio, con ocasión de un almuerzo ofrecido por Francia en honor de la Comunidad del Pacto de París por los Pueblos y el Planeta. Se trata del nuevo primer ministro británico, Keir Starmer: después de las extravagancias de Boris Johnson y del breve mandato del primer jefe de Gobierno británico no blanco de la historia, he ahí a este abogado londinense, sexagenario entrecano, educado, sonriente, que recuerda la frase que se decía sobre Luis Felipe: «camina por la calle y lleva un paraguas...».

No ha tenido un fácil comienzo, que se diga. Meteduras de pata, disturbios, recortes presupuestarios e incluso un escándalo acerca de sus gafas, regaladas, al parecer, por un generoso donante. Resultado: dos meses después de su victoria electoral, el primer ministro británico ha caído estrepitosamente en los sondeos. El hecho es que, digan lo que digan los populistas, la política es una profesión y entre las más difíciles. Una actividad que expone permanentemente al riesgo de quedar en ridículo y de pasar por imbécil, sobre todo cuando uno no lo es.

Uno de los predecesores de Starmer, Tony Blair, acaba de publicar un libro en el que afirma que los dirigentes políticos pasan, en general, por tres etapas. En una primera fase, cuando llegan al poder, escuchan, saben que no saben nada, intentan comprender cómo interpretar bien su papel. Al cabo de cierto tiempo, se convencen de que ya tienen suficiente experiencia y saben bastante para suponer que lo han comprendido todo. Es la fase más arriesgada, la de la *hubris*: «Ya no tienes ganas de escuchar a los demás —escribe Blair—, tú eres el patrón, ¿quién va a saber más que tú?». Solo unos cuantos alcanzan la última etapa, la de la madurez, en la que se dan cuenta de que su experiencia no constituye la suma total del conocimiento político y en la que vuelven a escuchar a los demás. La mayoría de los líderes, escribe Blair, jamás llegan ahí.

El problema es que ese tipo de existencia no permite metabolizar. La sucesión de impulsos exteriores se interrumpe demasiado, el cerebro apenas tiene tiempo de reaccionar. Solo una vez acabada la aventura, el político tiene la posibilidad de volver sobre sus pasos para sacar de ella alguna enseñanza. Siempre y cuando tenga aptitudes para ello, lo que es cada vez más raro, y no haya reventado previamente, como les sucede a la mayor parte de los peces abisales cuando suben a la superficie.

*

La gran sala de la Asamblea General es la verdadera obra maestra de los arquitectos que construyeron la sede de la ONU. Se reconoce en ella el toque de Oscar Niemeyer, que confiere a ese espacio, pese a su tamaño, la elegancia tropical de sus creaciones brasileñas. Nunca he visto, en ninguna otra parte, una sala tan amplia que llegue a generar semejante sensación de intimidad y de confort. Y además, el aliento de la historia: ese estrado de mármol verde prato, ese fondo dorado con el emblema de las Naciones Unidas, esas paredes de madera acanalada que todo el mundo ha visto miles de veces, en la portada de los periódicos, en las noticias de los telediarios o en las películas de espías.

Los discursos en la tribuna de la Asamblea General ocupan un lugar aparte en el panteón del arte de la oratoria política mundial. J. F. Kennedy y su poderosa retórica: «Señoras y señores, la decisión nos pertenece. Nunca las naciones del mundo han tenido tanto que perder ni tanto que ganar. Juntos, salvaremos nuestro planeta, o juntos, pereceremos entre sus llamas».

Fidel Castro, quien, un año después de tomar el poder en Cuba, se dirige a la Asamblea durante cuatro horas y media. Y Nikita Jrushchov, ese mismo año, que se quita un zapato y golpea con él la mesa durante el discurso del delegado filipino. Yasser Arafat, dirigiéndose a los delegados en 1974: «He venido con una rama de olivo y un arma de combatiente por la libertad. No dejen que caiga de mis manos la rama de olivo». Ronald Reagan, preguntándose si la única manera de reunir a la humanidad en torno a un objetivo común no sería, por casualidad, una amenaza extraterrestre.

Todos esos recuerdos hacen muy desconcertante la impresión que causa entrar en la sala: sea el momento que sea, nunca hay más de quince personas escuchando al orador de la tribuna. Tal vez el doble para los líderes más vistos. Los demás están al teléfono, trabajan con su ordenador, debaten entre ellos, se preguntan si deben elegir sushi o *steakhouse* para cenar.

Esto no significa que un discurso pronunciado aquí carezca de importancia, al contrario. Solo el objetivo cambia. No se trata de inflamar a la audiencia de la sala. Se trata de enviar la señal adecuada. Siempre según el mismo principio: pronunciar unas pocas palabras inesperadas que puedan marcar la diferencia.

En la tribuna de la Asamblea General, el presidente francés menciona los riesgos de una palabrería sin efecto y de una diplomacia impotente. Luego trata de conjurar el sortilegio que acaba de mencionar pronunciando una de esas frases cortas. «Apelamos con fuerza a Israel para que deje la escalada en el Líbano y a Hezbolá para que deje de disparar contra Israel. Apelamos con fuerza a todos los que los proveen de medios para que dejen de hacerlo.» *A todos los que los proveen de medios* para la escalada, tanto de un lado como de otro. La bomba está lanzada, pero sus destinatarios, Estados Unidos *in primis*, preferirán en esta ocasión hacer como si no se hubieran enterado de nada.

Además, es con Biden con quien el presidente francés tiene cita después de su discurso. El inquilino de la Casa Blanca no acude al Palacio de Vidrio más que para hablar en la Asamblea. Tiene su propio cuartel general en un hotel a pocas calles de distancia, donde deben dirigirse todos aquellos a los que ha concedido audiencia.

Llegamos al vestíbulo del Barclay, ambiente de los últimos días previos a la caída de Saigón. Militares, diplomáticos, secuaces, hombres de negocios, espías. Un bar, vasos de whisky, cervezas, Coca-Cola Zero, al fin y al cabo solo son las tres de la tarde. En el piso superior, al abrigo de dos arcos de seguridad suplementarios, una enorme sala, columnas, molduras de escayola, papel pintado, moqueta de pelo alto, todo eso que les encanta a los norteamericanos. Y en medio de la sala, como un catafalco, una contundente carpa aterciopelada bajo la cual el presidente lleva a cabo sus entrevistas.

El dinamismo se acumula alrededor, hay un vaivén de delegaciones. Finalmente aparece una mujer, Ursula von der Leyen, pequeña, impecable, emanando la misma energía que sus colegas masculinos. Pero el centro está vacío. Causa una curiosa impresión. En medio del escenario solo hay un anciano fatigado, que se eterniza. Todos piensan en lo que vendrá después, aunque él sigue todavía ahí. Bajo ningún concepto querría ser un obstáculo, pero ¿qué hacer cuando el planeta está ardiendo? El último presidente atlántico, el último combatiente de la guerra fría, el último internacionalista: y sin embargo, el balance de su política internacional no es más que un montón de ruinas.

Contra todo pronóstico, la delegación francesa sale victoriosa del Barclay. Los norteamericanos aceptan apoyar su iniciativa de un alto el fuego inmediato en el Líbano. Un breve escalofrío sacude a la delegación. Podría decirse que algo ha empezado a moverse. En las horas posteriores, la Unión Europea, Alemania, Italia, Japón, Australia, Canadá, Arabia Saudí, los Emiratos Árabes y Qatar anuncian su apoyo a la iniciativa francoamericana. ¿Será posible que toda esta excitación, estos cruces, estas discusiones e incluso estos empujones sirvan todavía para algo, que sean todavía capaces de producir un impacto en la realidad? Se dice que Netanyahu vuela finalmente hacia Nueva York. El primer ministro israelí es esperado en la tribuna de la Asamblea General el viernes. Se espera que anuncie el alto el fuego temporal ese día.

Al final de la noche, un sentimiento de satisfacción tranquila planea sobre los miembros de la delegación francesa. El presidente, el embajador y los asesores se regalan un whisky. Hay que saborear los momentos *ala oeste* las pocas veces en que se presentan. Euforia contenida del arquitecto del plan, Emmanuel Bonne, que recorre las portadas de los periódicos digitales, repasa las etapas de esta interminable jornada, bromea sobre la reiterada simpatía del presidente norteamericano hacia la consejera de Oriente Próximo del Elíseo.

Recuerdo lo que dijo Alexandre Kojève, quien, a finales de la década de 1940, se había quitado su traje del filósofo más admirado de su generación para ponerse el de negociador internacional en el Ministerio de Economía. «Adoro este trabajo —decía—. Para el intelectual, el éxito parece una victoria. Usted escribe un libro, tiene éxito y ya está, ha ganado. Aquí, es diferente. Hay victorias. No se imagina el placer que sentí cuando mi sistema de aduanas fue aprobado. Es una especie de juego superior.»

Hoy en día, sin embargo, la partida es cada vez más difícil. Los que frecuentan los casinos saben que no todos los juegos tienen las mismas opciones de triunfo. Las tragaperras solo reparten el sesenta por ciento del dinero que engullen, mientras que en el blackjack un buen jugador puede alcanzar el noventa y nueve por ciento. En el transcurso de los últimos años, la tasa de éxitos de los *sherpas*, negociadores y demás *peacemakers* no ha hecho más que reducirse, como si hubieran sido desplazados del paraíso de las mesas de tapete verde a los pasillos de oropel de las *slot machines*.

A la mañana siguiente, el despertar será brutal. Ni rastro de Netanyahu en la ONU. Los bombardeos prosiguen sin la más breve interrupción. Al cabo de unas horas, la situación será más clara. El primer ministro intervendrá finalmente en la tribuna de la Asamblea General el viernes y menos de una hora más tarde, la aviación israelí arrasará la manzana de edificios del sur de Beirut donde está el búnker del líder de Hezbolá. Algunos mal pensados dirán luego que Netanyahu hizo creer que iría a la Asamblea General para inducir a Nasralá a bajar la guardia. En el nuevo mundo, la ONU no es más que un señuelo que se emplea para golpear a los enemigos cuando menos se lo esperan.

Al ocupar Crimea en 2014, Putin rompió el tabú, laboriosamente construido después de la Segunda Guerra Mundial, que prohibía a un país recurrir a la fuerza para modificar sus fronteras. La invasión de 2022 amplificó el mensaje para los más distraídos. La guerra está otra vez de moda. Los dirigentes que la invocan ganan las elecciones. Algunos de ellos pasan enseguida de las palabras a los hechos. En los últimos cinco años, los gastos en armamento han aumentado un treinta y cuatro por ciento en todo el mundo.

Un ardor guerrero recorre el planeta: ya no es cosa solo de los regímenes autoritarios. Estados Unidos ha pasado de la era de las negociaciones ásperas entre diplomáticos a la de la diplomacia movida por la fuerza bélica. A lo largo de los últimos años, la ilusión de que la supremacía tecnológica pudiera ocupar el lugar del análisis exhaustivo de las diferentes situaciones locales ha transformado el recurso a las armas, físicas y cuantificables, como uno de los principales resortes de la política exterior, en lugar de ser un instrumento imperfecto de último recurso. En semejante contexto, los *sherpas* de los diseños sutiles se han convertido en una especie en vías de extinción. Desde siempre, la proporción de diplomáticos de carrera constituía las tres cuartas partes de las nominaciones a embajadores estadounidenses, siendo el resto de los puestos asignados para los financiadores del presidente. Pero a partir de 2017, Donald Trump invirtió la relación, nombrando para esas funciones a una amplísima mayoría de sus sostenedores. Su regreso al poder en 2025 probablemente conduzca a la completa extinción de los embajadores de carrera.

Incluso en Europa, la dulce Europa, quienquiera que se atreva a apelar a un esfuerzo diplomático es puesto en la picota, arrojado a las mazmorras de la historia, junto a los dirigentes admirados hasta hace poco, las Merkel, los Prodi, acusados actualmente de ingenuidad o, peor aún, de cobardía, frente a la inexorable dureza del mundo.

Mientras tanto, las ojivas nucleares, que habían disminuido desde mediados los años ochenta, han empezado de nuevo a aumentar: China construye centenares de silos para misiles en los desiertos del norte, los cohetes atómicos de Corea del Norte amenazan directamente las ciudades de la Costa Oeste de Estados Unidos, Irán está más cerca de la bomba que nunca, mientras que la amenaza nuclear rusa planea sobre el término de la guerra en Ucrania. Desde 2023, el reloj del apocalipsis, puesto al día por los sucesores de los físicos del Proyecto Manhattan, señala noventa segundos para la medianoche, la hora más próxima al fin del mundo desde su creación en 1947.

En otra vida, formé parte de una misión científica en Florencia cuyo objetivo era encontrar, detrás de los inmensos frescos de Vasari que recubren las paredes del gran salón del Palazzo Vecchio, los rastros de *La batalla de Anghiari*, de Leonardo da Vinci.

En esta obra inacabada, de la que tan solo quedan los dibujos preparatorios, el maestro había recibido el encargo de representar en el muro oriental de la sala del Cinquecento un episodio glorioso, gracias al cual la República de Florencia había vencido al duque de Milán, quien, con la ayuda de las familias aristocráticas florentinas en el exilio, trataba de apoderarse de la ciudad.

Mientras los ingenieros estaban atareados con su

instrumental alrededor de los frescos de Vasari, me parecía ver al barbudo solitario, encaramado sobre un andamio no muy diferente de los nuestros, trabajando rodeado de grandes antorchas encendidas. Para la ocasión, Leonardo había decidido recuperar la antigua técnica de la encáustica, consistente en aplicar directamente unas pinturas calientes sobre la pared y fijarlas en ella mediante extraños útiles metálicos.

Lejos de una celebración, su intención era mostrar la guerra en toda su brutalidad. Unos años antes, él mismo había sido testigo de la expedición militar de Carlos VIII, que había traído de nuevo a Italia una ferocidad olvidada desde hacía siglos.

Mientras que los Estados italianos habían abandonado la cultura castrense mucho tiempo atrás, confiando el arreglo de sus diferencias a ejércitos de mercenarios extranjeros, los franceses, curtidos en la guerra de los Cien Años contra Inglaterra, se habían dotado de un ejército nacional poderoso e implacable. Al contrario que los ejércitos italianos, que tenían tendencia a respetar las poblaciones civiles y a no infligir excesivos daños materiales en los territorios que tendrían luego que gobernar, los franceses eran ya partidarios de la guerra total. Por eso, cuando se apoderaban de un pueblo o de una plaza fuerte, pasaban a cuchillo a sus habitantes. Guichardin cuenta con horror la toma de Monte San Giovanni, seguida de la ejecución de todos sus habitantes y del incendio del pueblo.

La guerra es ante todo pulsión, caos, destrucción. Este es el motivo por el que Leonardo escogió representar la batalla como una contienda salvaje de hombres sin fe ni ley, evocando más una jauría de bestias hambrientas que el noble combate de dos ejércitos nacionales. «Muestra primero el humo de la artillería mezclado en el aire con el polvo levantado por el movimiento de los caballos y las tropas.» El propio maestro anticipó la atmósfera de la batalla que pretendía describir: «Se lanzarán flechas en todos los sentidos, caerán, volarán en línea recta, llenando el aire, y las balas de los mosquetes dejarán tras de sí una estela ahumada».

Hace trece años, pese a todos nuestros esfuerzos, no pudimos hallar los rastros del fresco sobre las paredes del Palazzo Vecchio. Pero hoy, es como si el ardor guerrero evocado por Leonardo emergiera detrás de cada noticia y el humo de artillería de la batalla de Anghiari se mezclara con el aire que respiramos cada día.

En Libia, en Oriente Próximo, en Ucrania: los bordes del continente que ha basado su reconstrucción en la paz son ahora un solo campo de batalla. A diario, la guerra penetra un poco más en el interior de las fronteras de Europa. Estos últimos meses, se sospecha que varios agentes rusos han asesinado a un desertor en España, han incendiado centros comerciales y depósitos en varios países, han colocado paquetes trampa en aviones de transporte y han intentado matar al director general de uno de los más grandes consorcios armamentísticos alemanes. Sin contar las operaciones de desinformación a gran escala que se van convirtiendo, cada vez con más frecuencia, en auténticos ciberataques. Los medios de comunicación no siempre tienen acceso al conjunto de los hechos, pero, por ejemplo, los colegios electorales de la mayor parte de los países europeos son objeto sistemáticamente de ataques informáticos con ocasión de elecciones locales o nacionales.

Esta explosión de violencia responde a una lógica muy conocida por los historiadores militares. Hay unas fases en la historia en las que las técnicas defensivas progresan más rápido que las técnicas ofensivas. Son periodos en que las guerras son más escasas porque el coste del ataque es más elevado que el de la defensa. En otros momentos, son sobre todo las tecnologías ofensivas las que se desarrollan. Se trata de épocas sangrientas en que las guerras se multiplican, pues atacar cuesta mucho menos caro que defenderse. En tiempos de Leonardo da Vinci, la artillería gozaba de un periodo de expansión en toda Europa, y eso trajo como consecuencia el paso de una época relativamente apacible, en el curso de la cual las fortificaciones permitían rechazar a la mayoría de los asaltantes, a una fase mucho más conflictiva, en la que los progresos de los cañones con balas de hierro fundido dieron ventaja a los agresores. Hasta que, como reacción a las múltiples incursiones francesas en la península, los arquitectos desarrollaron una técnica en la construcción de fortalezas que resistiera los ataques de la artillería: el trazado italiano. Es en ese momento cuando la defensa gana posiciones —equilibrándose así la relación entre las tecnologías ofensivas y defensivas— y la paz, en cierta medida, vuelve a restablecerse. Posteriormente, con el desarrollo de la artillería móvil y unos cañones capaces de abrir brechas en las fortificaciones más sólidas, la ventaja volverá a caer del lado de los agresores. Vendrán luego nuevas guerras y nuevas violencias y así será sucesivamente hasta nuestros días.

Al término de la Segunda Guerra Mundial y a lo largo de la guerra fría, la disuasión nuclear hizo que fuera prohibitivo el coste de cualquier ataque de gran envergadura. Pero la evolución del marco geopolítico y los progresos tecnológicos acabaron con esa fase de relativa calma: el atentado contra las Torres Gemelas, que relanzó la historia pese a su muerte anunciada, costó menos de un millón de dólares. Hoy, un portaviones que haya costado diez mil millones de dólares al Gobierno norteamericano puede ser hundido por dos o tres misiles hipersónicos chinos de quince millones. A la inversa, para abatir un dron de doscientos dólares lanzado desde el sur del Líbano, Israel debe disparar cada vez un misil Patriot cuyo precio es de tres millones. Sin hablar de un ciberataque capaz de paralizar una nación entera, cuyo coste es prácticamente cero.

En estos días, el ataque cuesta menos caro que la defensa. Mucho menos. Y el precio sigue bajando. En el futuro, hay quien asegura que un solo individuo puede declarar una guerra mundial y ganarla. Ahora que sabemos que un sintetizador de ADN capaz de crear nuevos patógenos mortales cuesta alrededor de veinte mil dólares, el equivalente al precio de un coche de segunda mano, esa perspectiva ya no parece tan lejana.

Según la opinión incluso de la empresa que lo produce, el último modelo de ChatGPT lanzado el otoño de 2024 comprende un aumento significativo del riesgo de que la inteligencia artificial sea utilizada indebidamente para crear armas químicas, biológicas, radiológicas y nucleares. Dicho riesgo está, en adelante, clasificado al más alto nivel en el baremo establecido por la empresa, pero ello no impide a OpenAI comercializar el producto en el mercado, sin que ninguna autoridad reglamentaria haya puesto alguna objeción.

En la época de Leonardo da Vinci, la mayoría de las antiguas instituciones, de los pequeños Estados y de las repúblicas repartidas por la península italiana sucumbió ante la violencia desatada. Unos años después del intento por parte del maestro de representar la batalla de Anghiari en la pared de la sala del Cinquecento, la República de Florencia dejó de existir. Y durante los siglos posteriores, la península se convirtió en terreno de enfrentamiento de las potencias extranjeras. Los italianos han de esperar a la segunda mitad del siglo XIX para recuperar su independencia.

Hoy nuestras democracias parecen todavía sólidas. Pero nadie duda de que lo más duro está por venir. El nuevo presidente estadounidense se ha puesto a la cabeza de un séquito variopinto de autócratas desacomplejados, de conquistadores de la tecnología, de reaccionarios y conspiradores impacientes por pelearse. Una era de violencia sin límites se abre frente a nosotros y, como en tiempos de Leonardo, los defensores de la libertad parecen estar especialmente mal preparados para la tarea que les espera.

«El príncipe heredero es un hombre de gran delicadeza», me dice uno de sus amigos mientras pasamos bajo el detector de metales del Ritz-Carlton de Riad. Nadie lo dudaría, al observar a ese hombre tan amable que recibe a una docena de directores generales de grandes empresas en una pequeña sala con incrustaciones de mármol y pedrería que parece salida de un cuento oriental. No deja de sonreír y su sonrisa es de una dulzura enternecedora, casi infantil, la misma sonrisa que se puede entrever en las pocas imágenes del príncipe en su juventud, cuando Mohamed bin Salmán no era más que uno de los cientos de príncipes saudíes, y de la que tuvo que valerse para que alguien reparara en él. Tiene la altura de un gigante, pero de un gigante bueno, cuya masa redondeada parece hecha para envolver a la gente en un abrazo, lo que los americanos llaman un *bear hug*, el abrazo del oso. A su alrededor, los miembros de su escolta personal están inquietos. Son el primer escudo después de los detectores de bombas de la entrada, después de la doble fila de guerreros con *dishdashas* blancas y sables desenvainados en el pasillo y después de la antesala atestada de guardias más modernos con uniforme verde. MBS solo exhala bonhomía. Estar en su presencia equivale a haber accedido a un oasis de serenidad. Los invitados hacen cola para serle presentados. Para cada uno de ellos, MBS tiene una sonrisa y una palabra de aliento. En la pequeña sala que parece una capilla por el cúmulo de recubrimientos de oro, de nácar, de marqueterías, se tiene la impresión de asistir a una primera comunión. O más bien a un bautizo. Desde el ascenso al poder de MBS, el culto al futuro se ha convertido en la principal religión de Arabia Saudí. La nueva ciudad, de ciento setenta kilómetros de largo por doscientos metros de ancho, albergará supuestamente a nueve millones de habitantes que no producirán la más mínima emisión de CO_2, la estación invernal que acogerá los Juegos Olímpicos, el puerto flotante octogonal que ocupará treinta y tres veces la superficie de Nueva York, la Exposición Universal de Riad, su nuevo aeropuerto y su nueva compañía aérea, los proyectos faraónicos sobre el hidrógeno, los robots y, por supuesto, la inteligencia artificial. Todo ocurre aquí, bajo el impulso de este príncipe tan dulce.

Sin embargo, un detalle me preocupa. Es este lugar. El Ritz-Carlton es, sin duda alguna, el hotel más lujoso de la capital saudí. Aquí es donde se hospedan los jefes de Estado que vienen de visita, los príncipes de las tecnológicas, los famosos de gira. Aquí se celebra, todos los años, el «Davos del desierto» que organiza el príncipe heredero desde 2017. Pero los hombres de negocios que habían reservado una habitación para el 4 de noviembre de aquel mismo 2017 se llevaron una desagradable sorpresa. De un día para otro, su reserva fue cancelada. Peor aún, los clientes que ya estaban en el hotel fueron obligados a marcharse y se colocó un cartel en la fachada con el mensaje de que se cerraba el hotel por tiempo indeterminado. Lo que no quiso decir que el hotel se quedara vacío. La razón era que MBS había decidido organizar allí una recepción de un estilo un poco diferente.

En esa época, MBS todavía no es del todo el príncipe imbuido de delicadeza que llegará a ser más adelante. Elegido heredero al trono apenas cuatro meses antes, a la edad de treinta y un años, rodeado de tíos y de primos celosos, la mayoría de los cuales poseedores de recursos ilimitados, partes inmensas del Estado, ministerios y fuerzas de policía, su posición parece todavía precaria. Las malas lenguas rumorean incluso que la renuncia del antiguo príncipe heredero no sería tan espontánea como se dice, que una larga noche encerrado en el palacio real en compañía de esbirros de MBS habría pesado en su decisión.

A principios de noviembre, los trescientos cincuenta hombres más ricos y poderosos del reino recibieron una de esas invitaciones imposibles de rechazar. Las convocatorias estaban personalizadas. Algunas procedían del viejo rey Salmán, de ochenta y un años y con bastante mala salud, otras directamente de su hijo Mohamed. Algunas no dejaban claro el motivo, otras indicaban razones muy precisas: por ejemplo, al príncipe Miteb, jefe de la Guardia Nacional, con un total de ciento veinte mil hombres, se le informaba de que un misil yemení había caído en las afueras de Riad; a otros se les prometía jugosos negocios. El tono no admitía réplica: los destinatarios estaban invitados a presentarse inmediatamente en el palacio real.

Pero a su llegada, ¡sorpresa! Una vez separados de sus escoltas, los guardias reales los obligaban a entregar sus teléfonos móviles, portafolios y documentos de identidad. Seguidamente, fueron conducidos al Ritz-Carlton, donde se les informó de que eran invitados del príncipe heredero por un tiempo indefinido. A la mañana siguiente, al despertarse, unos encargados muy corteses les entregaron a cada uno de los trescientos príncipes, gobernadores y multimillonarios doce camisetas blancas, doce calzoncillos blancos, doce pares de calcetines blancos, tres chilabas y tres pijamas. La estancia se preveía larga.

En una suite del Ritz-Carlton, con sus muebles estilo Imperio, sus paredes adamascadas y sus arañas de cristal, trato de imaginar la cara de esos príncipes, esos ministros y esos multimillonarios de sangre real cuando se les hizo entrega de aquellos doce conjuntos de lencería blanca. Los más avisados debieron de darse cuenta en aquel momento de que entraban en una nueva realidad. Algunos, quizá, recibieron la novedad con alivio: a veces es un consuelo ser descargado de responsabilidades, pasar de la libertad a la sumisión. A otros, ciertamente, les fue peor. El príncipe al-Walid, por ejemplo, se daba una buena vida. Siempre de viaje en uno de sus tres aviones entre el Savoy de Londres y la cadena de Four Seasons de la que él era el principal accionista, elegido por Forbes entre las cincuenta primeras fortunas del planeta, tenía por costumbre, cuando estaba en Riad, recibir a sus visitas en el *penthouse* del piso 99 de la Kingdom Center Tower, de la que era propietario, sentado en un trono, rodeado de modelos ataviadas con unos cortos uniformes que él mismo diseñaba. Por su parte, el príncipe Salmán tenía gustos más refinados. Educado en Oxford y en la Sorbona, recorría el planeta en busca de obras de arte que repartía entre sus villas del sur de Francia y sus seis megayates salidos de los astilleros Lürssen de Bremen.

Para todos, príncipes, miembros del Gobierno y multimillonarios —estas condiciones eran detentadas a menudo por las mismas personas—, los interrogatorios empezaron en cuanto se distribuyó la ropa blanca. Y entonces, ciertamente, la situación pasó a ser un poco menos aséptica, ya que MBS había decidido, en su benevolencia infinita, invitar a los mercenarios de Blackwater para que ayudaran a su escolta personal en sus cambios de impresiones con los cautivos. A partir de ese momento, y durante tres meses, en los salones del Ritz-Carlton donde antes solía oírse al tintineo de los bellinis sin alcohol, resonaron las súplicas, los aullidos y los gritos ahogados de los príncipes y los multimillonarios, sometidos a las técnicas de interrogatorio por parte de los musculosos excombatientes de la guerra en Irak. Cada uno hubo de enfrentarse a la evidencia de las pruebas de corrupción, más o menos sostenibles, de la que se los acusaba y todos fueron impelidos, por las buenas o por las malas, a aceptar las condiciones de MBS para pagar sus culpas.

Por supuesto, nada de esto impide que el príncipe heredero sea un hombre de enorme delicadeza. Pero también es un personaje salido directamente de las páginas de Maquiavelo.

La noche del 31 de diciembre de 1502, el secretario florentino se halla en la costa adriática, en Senigallia, donde ha sido enviado como embajador ante César Borgia, llamado *el Valentino*, que acaba de recuperar su ducado después de hacer frente a una conjura de sus antiguos aliados, Vitellozzo Vitelli, Oliverotto da Fermo y los hermanos Orsini.

Esa noche reina la concordia. Al cabo de intensas negociaciones, la paz suscrita por las distintas partes ha permitido al duque volver a poseer sus tierras. Para sellar su renovada unión, Borgia, Vitelli y los demás han decidido apoderarse de la fortaleza de Senigallia y celebrar allí el año nuevo con un suntuoso banquete. El Valentino llega primero, pero, por cortesía, opta por esperar a los otros antes de hacer su entrada triunfal en la ciudad. A su llegada, Borgia se acerca y abraza a todos y cada uno de los hombres que, tres meses antes, habían querido matarlo, como si fueran hermanos. Solo falta uno, Oliverotto, pero el Valentino envía a un mensajero para invitarlo a unirse a ellos. Lamentaría que se lo perdiera. Borgia quiere entrar en la ciudad todos juntos, con gran boato, para celebrar la reconciliación. Y lo hacen, precedidos por la caballería pesada y los guardias suizos. Un espléndido banquete los espera en el palacio de la Señoría. En cierto momento de la velada, mientras los *condottieri*, exhaustos por los festejos, le piden permiso para retirarse a descansar, Borgia les ruega que lo acompañen a un salón privado, para discutir juntos las estrategias de futuro: la toma de Senigallia no es más que el principio. Pero, al cabo de un rato, el Valentino desaparece dando una excusa. En cuanto se marcha, una multitud de hombres armados se arroja sobre los invitados y los detiene. A continuación, las tropas de Borgia desarman al séquito de Oliverotto y someten a la población a un espantoso pillaje. Testigo de los acontecimientos, Maquiavelo escribe esa misma noche que, en su opinión, ninguno de los prisioneros estará todavía vivo cuando amanezca. Por la mañana, había acertado a medias: en efecto, Oliverotto y Vitelli fueron estrangulados esa noche, pero los hermanos Orsini seguían con vida. Habida cuenta de su rango principesco, no serán ejecutados hasta quince días más tarde.

El asunto del Ritz-Carlton tuvo un final un poco menos sangriento, aunque una de las personas detenidas falleció durante una sesión demasiado larga. Los demás salieron de allí sin coste alguno. El jefe de la Guardia Nacional fue destituido y obligado a firmar un cheque de mil millones para recuperar la libertad. Al príncipe al-Walid se lo despojaría de seis mil millones después de someterlo a la tortura del *waterboarding*. Sigue llevando hoy en día un brazalete electrónico y le está prohibido salir del reino. Aun así, está mejor que algunos de los otros, que siguen pudriéndose en la cárcel, como el príncipe real Turki bin Abdullah, antiguo gobernador de Riad.

La fiesta del Ritz-Carlton permitió al Estado saudí recuperar en total más de cien mil millones para financiar los proyectos faraónicos del joven príncipe. Pero sobre todo, la operación cortó las cabezas que amenazaban la supremacía de MBS. Para una élite de príncipes habituados a las intrigas palaciegas y a la coexistencia más o menos pacífica entre poderosos, sin hacer ruido para que la fachada del poder siga impenetrable y unida, la estupefacción no podría haber sido más grande. Y el miedo empezó a abrirse paso en el corazón de algunos de los hombres más consentidos del planeta, que desde entonces tienen pesadillas al recordar cómo sus suites se transformaron en cámaras de tortura.

«A los hombres hay que mimarlos o aplastarlos: se vengarán de las injurias ligeras; pero no podrán hacerlo cuando estas sean muy grandes; de lo que se colige que, cuando se trata de ofender a un hombre, hay que hacerlo de tal manera que no se pueda temer su venganza.» Diez años después de la noche de Senigallia, Maquiavelo hará de César Borgia el modelo para su *Príncipe*: no el soberano ideal, sino la bestia de poder real, mitad zorro, mitad león, que sabe utilizar la astucia para adular a los hombres y la fuerza para someterlos.

Cinco siglos más tarde, MBS es su reencarnación. Como el Valentino, que cultivaba el ambicioso propósito de unificar Italia bajo su patrocinio, MBS cultiva una visión estratégica, la de transformar Arabia Saudí en un Estado nación poderoso, moderno, libre de la influencia del integrismo religioso, en el que el poder estaría concentrado en sus manos. Pero, como la del Valentino, la construcción del príncipe es frágil, expuesta a un revés de fortuna.

En el cenáculo del Ritz-Carlton, me da la impresión de percibir de vez en cuando un brillo malévolo en los ojos del príncipe. Como si las imposiciones protocolarias enmascarasen una realidad paralela, que solo se revela en breves destellos en las miradas maliciosas que MBS intercambia furtivamente con algunos miembros de su entorno considerados sus amigos, como su hermano Khalid, ministro de Defensa, el príncipe Badr, ministro de Cultura, Fahad al-Tounsi, responsable del gabinete que pilota los megaproyectos del príncipe. Todos ellos son jóvenes, la mayoría tiene menos de cuarenta años y hoy controlan un dominio propio de cuento de hadas, algo que *a priori* ninguno de ellos había imaginado llegar a tener. Con un mandoble certero, MBS ha derribado la gerontocracia que ha gobernado Arabia Saudí durante décadas, y les ha permitido sentarse en el trono con él. Uno puede imaginarse la euforia que debió de adueñarse de esos individuos, y de otros afines menos visibles —Saud al-Qahtani, el malvado genio a la cabeza de un ejército de trols, Turki al-Sheikh, el antiguo guardaespaldas promovido a gran visir de la corte—, cuando las puertas del palacio Al-Yamama se cerraron y el último de los oficiales canosos abandonó el lugar. Es el «jugar a los cacharritos» de unos críos a sus anchas en una villa abandonada por los padres que Nimier atribuía a la Regencia, el momento de las hamburguesas de *wagyū*, de los torneos de *Call of Duty* y de las chicas traídas de Londres y de Dubái, un ambiente de *hold-up* triunfal, el vértigo de los que han apostado fuerte y han hecho saltar la banca.

Pensándolo bien, no hay nada extraño en que MBS sea la reencarnación de César Borgia a cinco siglos de distancia, ya que el momento en que vivimos también es maquiavélico. En la época de Leonardo da Vinci, el secretario florentino indica el final de las ilusiones. El sofisticado mundo de los humanistas, sus principios y sus reglas, las interminables disputas entre facciones que envenenan la vida política de su patria ya no tienen razón de ser frente al potente armamento geométrico de los invasores extranjeros. El poder legítimo, las normas de su ejercicio y de su transmisión dejan indiferente al autor de *El príncipe*, porque ve que ya no pertenecen a la realidad que lo rodea. Lo que le interesa al florentino es entender cómo el poder se afirma en medio del caos, cuando todo el mundo lucha contra todo el mundo y la fuerza se erige como la única regla del juego. Heredar un principado es fácil. Lo que es mucho más difícil es conquistar —y sobre todo mantener— uno ilegítimo.

El príncipe es el manual del usurpador, del aventurero que parte a la conquista del Estado. Son muchas las lecciones que los Borgia de cualquier época pueden extraer de ese libro, pero hay una que destaca sobre las demás: la primera ley del comportamiento estratégico es la acción. En situación de incertidumbre, cuando la legitimidad del poder es precaria y tal vez cuestionada en todo momento, quien no actúe puede estar seguro de que los cambios revertirán en su contra.

Si es verdad que, como Tolstói nos enseña, la condición del poderoso es siempre la superación de obstáculos, pues la realización de su voluntad depende de tantas otras voluntades que se vuelve prácticamente imposible, hasta el punto de que el más ínfimo soldado de infantería de su ejército es más libre que Napoleón, la acción decidida del príncipe constituye el antídoto para ese mal.

Es lo que los expertos del Kremlin llaman hoy el *control manual*. Cuando el sistema, con sus procedimientos y sus jerarquías, no logra el resultado deseado, queda la posibilidad de intervenir directamente, transgrediendo las formalidades, para restablecer la justicia sustancial. La consecuencia es una especie de milagro, en el sentido literal del término, ya que un milagro no es otra cosa que la intervención directa de Dios en la Tierra.

Pero para que el milagro del poder se produzca, no es suficiente una acción decidida. Es preciso también que se lleve a cabo un acto temerario, pues, si no, ¿cuál sería el valor de una acción que simplemente respondiera a la necesidad? Sería poco más que el acto de un tecnócrata, de uno de esos funcionarios lúgubres y crueles que actúan en nombre de obligaciones superiores y que pretenden ser los únicos capaces de conocerlas. La esencia del poder reside justamente en lo contrario. Goethe cuenta la historia de aquel viejo duque de Sajonia, original y obstinado, a quien presionaban para que fuera reflexivo y considerase todos los aspectos antes de tomar una decisión importante. «No quiero reflexionar ni considerar nada —había respondido—. Si no, ¿para qué soy el duque de Sajonia?»

El apogeo del poder no coincide tanto con la acción como con la acción temeraria, la única capaz de producir el efecto de estupefacción en que se basa el poder del príncipe. Lo último que podría esperarse el primer ministro libanés Saad Hariri, cuando aterrizó en Riad en otoño de 2017, era ser encarcelado y obligado a dimitir de sus funciones. Lo último que podría esperarse el columnista del *Washington Post* Jamal Khashoggi, cuando entró en el consulado saudí de Estambul para renovar su pasaporte, era que sería despedazado, literalmente, con una sierra en el sótano de ese mismo consulado. Lo último que podría esperarse el dueño de Amazon, Jeff Bezos, cuando recibió un SMS amistoso del príncipe heredero saudí, era caer en la trampa de un software espía israelí que se apoderaría de los detalles más embarazosos de su vida privada para a continuación hacerlos públicos. Sin embargo, todas esas sorpresas —y como estas muchas otras más— se deben a la iniciativa de MBS, el príncipe heredero cuya infinita delicadeza no excluye el humor negro de un Borgia.

Nueva York, septiembre de 2024

En la tribuna de mármol de la Asamblea General es habitual ver las más variadas y estrafalarias vestimentas. Los atuendos multicolores de los presidentes africanos, los elaborados tocados de los soberanos asiáticos, las arcanas geometrías de los uniformes militares, todos esos ropajes reflejan la diversidad de costumbres del planeta y no causan la menor impresión entre el público impasible de la sala. A lo sumo a veces pasa lo contrario, como sucedió hace unos años, cuando la elegancia principesca del muy corrupto presidente afgano, con el vuelo de sus capas de seda y sus gorros de astracán, suscitó un breve movimiento de aprobación entre los escasos estetas presentes.

Lo que es menos frecuente es que un jefe de Estado se presente ridículamente vestido con un traje diseñado por él mismo, confeccionado por el estilista de Miss Universo. Es el caso de Nayib Bukele, el joven presidente de El Salvador, vestido con una túnica añil de cuello y puños de motivos florales bordados en oro, que le da un aire a medio camino entre Simón Bolívar y un personaje de *La guerra de las galaxias*. Es la misma indumentaria que lució antes del verano, en su segunda investidura, en presencia del rey de España y del primogénito de Donald Trump. En esta ocasión, la imponente guardia de honor de cadetes de la Escuela Militar de El Salvador había cambiado su aspecto por el modisto de Miss Universo, quien había ataviado a cada uno de sus miembros con una larga capa realmente pintoresca, aunque quizá no muy apropiada para las temperaturas tórridas de un sábado de junio.

En la tribuna de la ONU, Bukele está solo, pero la túnica marcial, combinada con una postura muy recta, cumple su papel al conferir al presidente la impronta de un héroe contemporáneo. «El dictador más *cool* del mundo mundial», como se calificó a sí mismo, en respuesta a un tuit de Kamala Harris, preocupada por los métodos extremos con los que atacaba el problema de la criminalidad en su país. O también «el rey filósofo», como lo llama su biógrafo en X. O «el Caudillo milenial», como lo apoda una parte de la prensa extranjera. Cuando fue elegido por primera vez, con treinta y siete años, El Salvador era el país más violento del mundo: la tasa de homicidios era tres veces más alta que en Haití, considerado un Estado fallido. La respuesta de Bukele fue radical: sustituyó el Código Penal por un manual de tatuaje ilustrado.

En El Salvador, como en Japón o en Rusia, se reconoce a los miembros de las bandas, a los *pandilleros*, por sus tatuajes: un sol azteca, un kalashnikov, la cara de un loco burlón supuestamente representando la *vida loca* del pistolero. Hace dos años, después de una nueva masacre, Bukele proclamó el estado de emergencia y ordenó al ejército detener a todo aquel que llevara tatuajes.

Resultado: ochenta mil personas en prisión, la mayoría de los cuales bandidos, pero también algunos fans roqueros que habían tenido la mala ocurrencia de hacerse un tatuaje. A continuación, como el Caudillo provenía del mundo de la publicidad, mandó realizar unos vídeos increíbles de miles de pistoleros (más los roqueros...) en calzoncillos, con la cabeza rapada y sus tatuajes a la vista, obligados a arrodillarse, en los pasillos de la nueva cárcel de alta seguridad de Tecoluca, o corriendo en formación al ritmo del silbato de los guardianes. A medias entre un porno gay y *Los juegos del hambre*, los vídeos tuvieron un éxito evidente en las redes sociales, convirtiendo a Bukele en el jefe de Estado más seguido en TikTok.

Por supuesto, ni a Amnistía Internacional ni a otras ONG les gustó ese método, pero lo cierto es que la tasa de criminalidad se dividió por diez, haciendo de El Salvador el país más seguro de todo el hemisferio occidental, delante de Canadá.

Esa es la razón por la que Bukele se encuentra actualmente en la tribuna de la Asamblea General: «Algunos dicen que hemos encarcelado a miles de personas, pero la verdad es que hemos liberado a millones que ahora llevan una buena vida sin miedo». Al oír esta frase, veo al «pluma» del Elíseo, Baptiste Rossi, erguirse en su asiento. No todo el mundo está distraído en la gran sala de la ONU. La hermandad mundial de los *speechwriters* siempre está al acecho de la frase atinada y, sea cual sea su distancia en términos políticos, la celebra a pesar del artista. Desde el punto de vista exclusivamente técnico, Bukele es uno de los mejores oradores actuales.

El Milagro Bukele, tal como lo llaman en toda Latinoamérica, es nuevamente un milagro de los tiempos que corren. Al igual que MBS, el presidente de El Salvador es partidario de la acción «borgiana»: la conjunción de una iniciativa audaz y de unos medios expeditivos al servicio de la producción de una sorpresa divina. No obstante, a diferencia del príncipe saudí, Bukele no se mueve en un sistema autocrático, sino en uno más bien democrático, aunque lo lleva a su límite.

Cuando en 2020 el Parlamento amenaza con rechazar su plan de seguridad, el Caudillo se presenta en la Cámara escoltado por el ejército y a continuación, dirigiéndose a sus partidarios congregados en el exterior, anuncia que, en caso de que se rechace su plan, él no se interpondrá entre la casta corrupta de los diputados y la sacrosanta cólera del pueblo. Luego destituye a todos los jueces mayores de sesenta años, los reemplaza por sus propios acólitos y, gracias a una nueva interpretación de la Constitución, vuelve a presentarse como candidato a las presidenciales, lo que en principio no era posible.

Las elecciones tuvieron lugar en febrero de 2024, en condiciones libres, en presencia de más de tres mil observadores internacionales que certificaron una absoluta regularidad. El Caudillo milenial fue elegido con el ochenta y cuatro por ciento de los votos y su partido, Nuevas Ideas, que no existía seis años antes, ganó cincuenta y cuatro de los sesenta escaños parlamentarios. «No somos un régimen de partido único —comenta Bukele—, somos una democracia con un partido hegemónico. En todas las democracias, el objetivo de los dirigentes es ganar todo lo que se pueda. ¿Ustedes creen que, cuando hay elecciones en Francia o en Estados Unidos, el presidente dice "tratemos de no superar el cincuenta y cinco por ciento para preservar el equilibrio de poderes"? Por supuesto que no, el objetivo de cualquier dirigente es obtener el mayor número de votos posible. Si no lo logran, su fracaso no puede ser mi hoja de ruta. ¿Qué tendría que haber hecho, anunciar que, como el resto de los presidentes fracasan porque son impopulares, yo tengo que dar también la mitad de mis escaños a la oposición para estar en el mismo nivel que los demás?»

«Ha, ha, ha, I'm back!» Donald Trump ha empezado con esa risa homérica y ese anuncio amenazador varias de las llamadas telefónicas a jefes de Estado extranjeros que ha estado haciendo. Algunos de sus interlocutores deben de haberse quedado un poco desconcertados, pero no es el caso de Bukele. La vuelta de Donald es la confirmación de que él ha acertado. Los que pensaban que el trumpismo no era más que un paréntesis, un accidente de la historia, se han equivocado.

Al día siguiente de la elección de Trump, Bukele proclamaba en X: «Sea cual sea su preferencia política, les guste o no lo que ha pasado, estoy seguro de que ustedes no captarán plenamente la bifurcación de la civilización humana que empezó ayer». Un mes antes, el candidato republicano desembarcaba en Erie, Pensilvania, donde proponía una solución al problema de la delincuencia juvenil calcada de la del Caudillo.

«Mirad a esos tipos salir con aparatos de aire acondicionado y frigoríficos a la espalda, una auténtica locura —decía Trump, nunca falto de imágenes pintorescas, dirigiéndose a un público integrado por una sorprendente proporción de personas con gafas de espejo—. Y la policía no tiene el derecho de hacer su trabajo. Les dicen que, si hacen algo, perderán su jubilación. No están autorizados a hacerlo porque la izquierda liberal no quiere dejárselo hacer. La izquierda liberal quiere destruir la policía, quiere destruir nuestro país. En cambio, si viviéramos un día entero verdaderamente malvado..., una hora brutal, quiero decir brutal de verdad, ¿eh?, la noticia se extendería de inmediato y todo se pararía.»

La idea de una jornada sin reglas, a lo Bukele, gustó mucho a los partidarios de Trump. Por fin alguien que tiene ganas de enfrentarse a ello, después de todos esos políticos que parecen estar más del lado de los criminales que del pueblo.

Como la idea de una motosierra para recortar los gastos públicos, eliminando también secciones enteras de la administración norteamericana, que Trump tomó tal cual del presidente argentino Javier Milei y que confiaría a su aliado Elon Musk para llevarla a cabo.

*

Hubo un tiempo en que la innovación política venía del centro. En Estados Unidos, alguien proponía una nueva idea y hacía una campaña diferente; un eslogan contundente, una manera inédita de utilizar los medios de comunicación, de dirigirse a los electores. Surgía de aquí, o de California, o de Madison Avenue, o de K Street. Luego, lentamente, la innovación se extendía a los márgenes. Alguien, en Inglaterra, se daba cuenta de ello y empezaba a imitar a los yanquis; a continuación, en los países escandinavos, en Alemania, en el resto de Europa, y poco a poco, el futuro de la transmisión política se expandía por todas partes, hasta los confines de Asia y del continente africano.

Recuerdo cómo, en la década de los noventa y los primeros años 2000, en el corazón de esta ciudad, tediosa e imperial, peregrinábamos por las pequeñas salas sin ventanas de los *think tanks*, con sus livianas moquetas de ese color indefinible entre el gris y el beige y sus bandejas con galletitas y *muffins* duros, donde creíamos cabalgar el espíritu de los tiempos porque todo parecía ir por la senda del buen hacer, del bien y de lo bueno.

Hoy, todo es distinto. En lo que concierne a los procedimientos de comunicación política y de propaganda, la trayectoria de la innovación se ha invertido. La novedad ya no circula en una sola dirección, del centro a la periferia, como sucedía antes. Ahora, lo más frecuente es que provenga de lugares improbables o que sea puesta a prueba en la periferia antes de imponerse en el centro.

Hace ya diez años, Cambridge Analytica enseñó el camino al importar a Europa y a Estados Unidos las técnicas de guerra de la información que había desarrollado para el ejército y los servicios secretos británicos en Pakistán y en Colombia. En un mundo en que la condición digital se ha convertido en la primera experiencia auténticamente global, compartida por el conjunto de la población mundial, las dinámicas propias pueden ser explotadas en internet y en las redes sociales de manera más o menos parecida en todas partes, y Nigeria, entonces, pasa a ser un excelente campo de pruebas para una campaña en un país escandinavo.

Mientras la competición política se llevaba a cabo en el mundo real, en las plazas públicas y en los medios tradicionales, las costumbres y las reglas de cada país fijaban los límites, pero cuando pasó a ser telemática, el debate público se convirtió en una batalla campal en la que todo está permitido y cuyas únicas reglas son las de las plataformas. Así, el destino de nuestras democracias se juega cada vez más en una especie de Somalia digital, un Estado fallido a medida planetaria, dominado por la ley de los señores de la guerra digital y sus milicias. Hoy, no se trata ya solo de técnicas de comunicación, sino de gritos de guerra, de contenidos y programas que circulan con fluidez de los seminarios del Danube Institute de Budapest a las conferencias NatCon, de Miami a Buenos Aires.

Lo que ha cambiado con relación a hace ocho años es que el zócalo sobre el que descansaba el antiguo orden se ha hundido. Si a mediados de la década de 2010 los partidarios del Brexit, de Trump y de Bolsonaro podían parecer unos grupos marginales que desafiaban el orden establecido y adoptaban una estrategia de caos, como hacen los insurgentes en guerra contra una potencia superior, hoy la situación se ha dado la vuelta: el caos ya no es el arma de los rebeldes, sino la marca de los más fuertes.

Si, en Occidente, la primera mitad del siglo xx había enseñado a los políticos masculinos las virtudes de la moderación, la desaparición de la última generación salida de la guerra ha permitido el regreso de los demiurgos que reinventan la realidad y pretenden moldearla a su gusto.

Si el antiguo mundo suponía el mantenimiento de unas salvaguardias —el respeto por la independencia de ciertas instituciones, los derechos humanos y las minorías, la atención prestada a las repercusiones internacionales—, nada de esto tiene el menor valor en la hora de los depredadores.

En este nuevo mundo, todos los procesos en curso se desarrollarán hasta sus consecuencias más extremas, ninguno se podrá detener o gobernar de alguna manera. *Pedal to the metal*, pisar a fondo el acelerador, se ha convertido en la única opción posible.

La ventana de oportunidad que existía hasta ayer para que un sistema de reglas se pusiera en marcha se ha cerrado. La idea misma de un límite a la lógica de la fuerza, de las finanzas y de las criptomonedas, al desbocamiento de la IA y de las tecnologías vinculadas a ella, o al vuelco del orden internacional hacia la jungla, ha salido del ámbito de lo concebible.

En este mundo nuevo, los borgianos tienen una ventaja decisiva, porque están acostumbrados a moverse en un mundo sin limitaciones. No les basta con resistir a la adversidad, sacan su fuerza de lo inesperado, lo inestable y lo agresivo.

Donald Trump, pues de él estamos hablando, es una forma de vida extraordinariamente adaptada a los tiempos actuales. Uno de sus rasgos, del que sus consejeros, en homenaje a épocas pasadas, se quejan constantemente en voz baja, cuando deberían regocijarse de ello con toda claridad, es que él no lee nunca. Ni libros, buenos para los museos, ni periódicos, que deben seguir el mismo destino; al internauta más ingenuo jamás se le ocurriría imaginar a un Trump sentado en un asiento de su jet o en un sillón en Mar-a-Lago con un libro en la mano, en vez de con una pantalla o con una hamburguesa, entre las *deep fakes* más descabelladas que se puedan concebir. Lo que realmente preocupa a sus consejeros, cuando debería regocijarlos, es que Trump ni siquiera lee las notas de una página, o de media página, que le pasan para preparar con antelación una entrevista, en donde resumen los puntos esenciales del asunto que se debe tratar. Trump ni mira esas notas. Ya sea una página o media, o apenas una línea. Él solo funciona verbalmente. Lo cual representa un considerable desafío para cualquiera que desee transmitirle el más mínimo conocimiento estructurado.

Pero qué más da. Lo que cuenta es sobre todo la acción, de la cual, el conocimiento, como bien sabemos, es uno de sus peores enemigos. Un contexto caótico exige decisiones audaces que capten la atención del público, dejando estupefactos a los adversarios.

Trump, en el fondo, no es más que la enésima encarnación de uno de los principios inmutables de la política, da igual quien lo constate: no existe prácticamente ninguna relación entre el poder intelectual y la inteligencia política. El mundo está lleno de personas muy inteligentes, incluso entre los especialistas, los politólogos y los expertos, que no entienden absolutamente nada de política, mientras que un analfabeto funcional como Trump puede alcanzar una forma de genio por su capacidad de ir al unísono con el espíritu de los tiempos.

No pocos empresarios riquísimos, tecnócratas globales, intelectuales y premios Nobel han tenido que sufrir humillaciones dolorosas al tratar de traspasar sus triunfos profesionales a la arena política.

Por ejemplo, según mis modestos cálculos de escriba azteca, en París hay siempre ciento veintitrés personas que se consideran con opciones serias de convertirse en el próximo inquilino del Elíseo. Entre ellas, siete u ocho están de verdad en la carrera. Los demás saben que se hallan en una buena posición, pero se convencen de que nunca se sabe, un cúmulo de circunstancias puede hacer surgir la necesidad histórica de su ascenso al poder.

En todas las latitudes, los superdotados empiezan siempre igual, henchidos de orgullo, convencidos de haber hecho lo más duro al imponerse por su gran capacitación en terrenos altamente competitivos, los negocios, las organizaciones internacionales, el mundo cultural, la ciencia. ¿Qué será entonces la política, en comparación? Una mezcolanza de personajes en busca de autor, sin oficio, sin cualidades, apenas capaces de juntar dos palabras.

Ninguna persona en su sano juicio se mezclaría con ese mundo medio fraudulento, pero ellos, los superdotados, decidieron que había llegado el momento de elevar el nivel: al fin y al cabo, si los buenos quedan fuera de la arena política, la situación no mejorará nunca, ¿no?

Tantean, pues, el terreno, empiezan a conceder entrevistas, a reunir sus ideas en un libro, a fundar un grupo de reflexión o a aceptar directamente la invitación de un partido para presentarse a las elecciones. Y es entonces cuando, en un momento dado, hacen un horrible descubrimiento.

A saber: que todo esto es mucho más difícil de lo que pensaban. No porque el terreno esté ya poblado por ni se sabe qué genios, sino porque no hay terreno, ni reglas, ni siquiera puntos de referencia estables, y sin embargo existe un juego, al que muy pocas personas tienen acceso. Interrogado sobre la línea que seguiría tras el congreso de Berlín, el gran Bismarck, con esa vocecita aflautada suya que hoy en día le impediría cualquier triunfo político, respondió que su oficio consistía en hacer malabarismos con cinco balas, de las que dos tenían que estar constantemente en el aire. Si el canciller de hierro prusiano consideraba la política como un oficio circense, imagínense ustedes a qué se puede parecer en un contexto menos estructurado.

Como dicen los chinos, el poder es un dragón en la niebla. Tratar de perseguirlo es enfrentarse cada día con la futilidad, la aproximación, la contradicción. *Veep* es una buena formación, pero hay que añadir *El juego del calamar* y *El padrino*, película de la que todo animal político se sabe los diálogos de memoria.

No hay nada más violento que la política; si los militares no combaten más que cuando están en guerra, los políticos están en guerra todo el tiempo. Sus enemigos más temibles están casi siempre escondidos en sus propias filas, y la velocidad a la que todo pasa multiplica todavía más los márgenes de error y la tasa de mortalidad. En ese medio, por lo general los superdotados no cuentan para nada, porque nunca echan mano a la alabarda y no corren riesgos, cuando, en realidad, arriesgarse es la moneda corriente del juego.

Finalmente, se trata de dar un salto en la oscuridad. Conservo en mi mente la imagen, durante uno de mis peregrinajes al corazón del imperio, de John Podesta, mano derecha de Bill Clinton y después de Obama, nervioso, acelerado, de esa delgadez excesiva propia de quien hace *jogging*, dirigiéndose al joven alcalde de Florencia y a su escriba, que era yo, cuando nos planteábamos hacer una campaña nacional: «No hay que esperar el momento oportuno para lanzarse. Hay que lanzarse con la esperanza de que ese será el momento oportuno». Eso nos funcionó por un tiempo.

Los borgianos son organismos especialmente adaptados a las fases de turbulencia, en las cuales un sistema político se ve confrontado con su propia finitud y las respuestas a la incertidumbre y al peligro solo se hallan en la rapidez y la fuerza. La hora de los depredadores, en el fondo, no es más que una vuelta a la normalidad. La anomalía ha sido más bien el corto periodo durante el que se creyó embridar la sangrienta búsqueda del poder mediante un sistema de reglas.

Por muy chocantes que nos parezcan, las artimañas de los borgianos solo son la versión actualizada de lo que cuentan los libros de historia, las *Vidas* de Plutarco, los relatos de Suetonio, las crónicas del Renacimiento y las memorias del Antiguo Régimen.

Los borgianos de hoy no leen a los antiguos, pero se reconocen en ellos. Cuando MBS dio su fiesta en el Ritz-Carlton, Trump, en esa época presidente de Estados Unidos, escribió en Twitter: «Tengo una gran confianza en el rey Salmán y en el príncipe heredero de Arabia Saudí, saben exactamente lo que hacen. ¡Algunos de esos a los que hoy tratan con tanta dureza vienen explotando su país desde hace años!».

En la hora de los depredadores, ya no son los dirigentes de la antigua periferia los que tratan de parecerse a los nuestros, sino que más bien son los dirigentes occidentales quienes adoptan rasgos alógenos. Si el hecho de que el presidente gobierne Estados Unidos con un clan de miembros de su familia y asociados desconcierta a los responsables políticos europeos, no es el caso, en absoluto, de los autócratas, para quienes es perfectamente natural dirigirse a un pariente o a un socio del presidente a la hora de obtener un trato de favor. La ironía del destino es que esa misma lógica se instala hoy en las cancillerías occidentales, donde la apertura de un canal diplomático con un primo lejano o un compañero de golf de Trump está cobrando el aspecto de un asunto de Estado.

Solo cuenta el resultado. Como bien dice Milei: «¿Cuál es la diferencia entre un loco y un genio? ¡El éxito!». He ahí el credo de los borgianos, compartido hoy por la mayor parte del pueblo, que ha dejado de considerar las reglas como una garantía de su libertad y ha empezado a percibirlas como un gigantesco fraude, por no decir un complot de las élites para oprimirlo.

«Lo primero que hay que hacer es matar a todos los abogados», dice Shakespeare. O más bien el carnicero Dick en *Enrique IV*, cuando se trata de provocar una revuelta contra el Gobierno del rey de Inglaterra. Según Dick, los abogados son los esbirros del poder establecido, carecen de moral y están dispuestos a sostener una cosa y su contraria. No resuelven los problemas, los crean, siempre tienen una escapatoria a mano para enredar un poco más las cosas. Lo que les interesa son las formas, no el fondo; hablan un lenguaje ininteligible con la sola intención de confundir a los pobres y, a fin de cuentas, no se ocupan más que de sus propios asuntos.

Los borgianos se concentran en el fondo, no en la forma. Prometen resolver los verdaderos problemas del pueblo: la criminalidad, la inmigración, el coste de la vida. ¿Y cómo les replican sus adversarios, los liberales, los progresistas, los buenos demócratas? Reglas, democracia en peligro, protección de las minorías...

De todos los candidatos demócratas a la presidencia y a la vicepresidencia de Estados Unidos desde 1980, Tim Walz, el compañero de lista de Kamala Harris, era el primero que no había estudiado Derecho. Veinte candidatos, en diez elecciones, desde cuarenta años atrás: solo abogados. En ese mismo periodo, ninguno de los cuatro presidentes republicanos tenía una formación jurídica: el primero, Ronald Reagan, era actor y los otros tres siguientes, hombres de negocios.

En Estados Unidos, los abogados son la categoría profesional más detestada, justo detrás de los políticos. ¿Por qué sorprende, entonces, que el partido de los abogados haya sido barrido? ¿A quién le sorprende que una plataforma concebida por entero por unos abogados, centrada en la defensa de los procedimientos democráticos y el respeto de los derechos de las minorías, cuyo argumento principal estaba basado en juicios contra el candidato republicano, haya sido barrida por los exabruptos de los borgianos, la carestía de la vida, la inmigración y el desprecio clasista?

Los abogados tienen muchas cualidades, pero nunca son capaces de parar una revolución. Es más bien al contrario: casi siempre son sus cualidades el primer blanco de los revolucionarios, precisamente. Si hay una figura insoportable durante una insurrección es la del tipo que se niega a unirse a la masa, que alza su dedito, formula objeciones y pide respeto por los procedimientos. Peor aún si lo hace para defender a un enemigo del pueblo, en cuyo caso, y con toda razón, el carnicero Dick quisiera verlo colgado de una horca improvisada.

«El huerto de la Casa Blanca tenía mucho poder, por lo simbólico. Cultivar berenjenas y calabacines y posibilitar imágenes de la primera dama arrodillada entre los terrones, rodeada de niños, enviaba un mensaje muy sólido a la nación y al mundo.»

El gran vestíbulo del museo de la Ciencia de Chicago apenas puede contener la espera y la excitación de los presentes. Estamos en la cena inaugural de la fundación creada por Barack Obama al salir de la Casa Blanca.

Ha pasado un año desde el terremoto que ha sacudido la política mundial: la elección de Donald Trump en la Casa Blanca. Europa se enfrenta a los efectos catastróficos del Brexit. En Italia, los sondeos de cara a las elecciones previstas para la primavera dejan entrever una ola nacional-populista sin precedentes.

Aquí, estamos en busca, no digo de respuestas, pero al menos de ideas. Estos últimos años, dentro de unos límites, Obama ha sido el faro de los liberales-demócratas del planeta. Todavía hoy, nuestro reflejo natural es volvernos hacia él. Por eso hemos recibido con tanto entusiasmo su iniciativa de crear una fundación: por fin un lugar para pensar en lo que viene por delante, para poner freno a la ola iliberal que amenaza con apoderarse de Occidente.

Hemos recorrido siete mil kilómetros para estar aquí esta noche. Ante todos nosotros, el antiguo jefe de cocina de la Casa Blanca ensalza los méritos del huerto ecológico de Michelle. Después del cocinero, otro orador sube al escenario. Un tal Michael Hebb. Al consultar su biografía online, descubro que fue el pionero del consumo responsable de chocolate en la empresa, antes de fundar una organización llamada Death Over Dinner, «muerte durante la cena».

Un poco saturado de los discursos de presentación, me vuelvo hacia los demás invitados. No me cabe duda de que se trata de personajes interesantes, los «líderes del futuro» a quienes se supone que la fundación ha de «inspirar, capacitar y conectar para que cambien el mundo». Los primeros brócolis ecológicos del chef han hecho su aparición en la mesa. Los comensales acaban de establecer los primeros contactos, un tanto tímidos, cuando una joven sentada a nuestra mesa toma la palabra.

«Buenas noches, me llamo Heather, seré su facilitadora de conversación esta noche.» Después de esta breve presentación, descubrimos con horror que el formato de la cena no prevé que los invitados interactúen espontáneamente unos con otros, sino más bien una conversación dirigida por Heather, que nos permitirá superar las cortesías al uso para alcanzar un nivel de relación más profundo. Con este objetivo, se solicita a los invitados que respondan a cinco preguntas por turnos: «¿Por qué me llamo como me llamo? ¿Quiénes son los míos? ¿Quién me ha influido más? ¿Quién me gustaría ser? ¿En qué medida siento formar parte de mi comunidad?».

Para romper el hielo, Heather nos cuenta en pocas palabras y con mucha elocuencia su trayectoria como transgénero mestiza, adoptada por una familia de Chicago. A medida que avanza en su relato, me digo que va a ser difícil superarlo. Echo un vistazo a las demás mesas y me doy cuenta de que están haciendo el mismo ejercicio en todas. Cada mesa tiene su animador, que hace las mismas preguntas a todo el mundo.

Con el rabillo del ojo veo la cara perpleja del capitán Rocca, el agente de seguridad que nos acompaña en este viaje. A lo largo de la velada, veré a este hombre fuerte como un roble, jovial, valiente, que no dudaría en recibir un disparo con tal de protegernos a cualquiera de nosotros, encogerse a ojos vistas hasta parecer una ramita temblorosa.

Al final de la cena, saboreando un reparador whisky en el bar del hotel, me relatará su calvario. Después de un primer momento de consternación, se sobrepuso al choque inicial y todo transcurrió bien, hasta que se arriesgó a responder «yo mismo» a la pregunta «quién querrías ser». Entonces, inevitablemente, todo el mundo se le echó encima, lanzándole todo tipo de improperios, y ni siquiera su «facilitador» pudo impedir que lo tacharan de egocentrista.

Aquella noche nos reímos, pero luego pensé que, si hubiera sido elector estadounidense, el capitán Rocca —uno de los pocos representantes del pueblo presentes allí— habría salido de la cena inaugural de la fundación Obama convertido en trumpista. Me temo que ninguna de las actividades previstas durante las treinta y seis horas de cumbre le habría hecho cambiar de opinión: ni la meditación de las siete de la mañana (por suerte indicada como «opcional» en el programa), ni la entrevista con el príncipe Harry sobre la juventud como vector de transformación social, ni el diálogo entre Michelle Obama y una poetisa de moda a propósito de sus fuentes de inspiración, ni siquiera el concierto privado de Gloria Estefan y el rapero Common —sobriamente rebautizado *community event*— con el que se concluyeron los trabajos.

Dos días más tarde, dejamos Chicago con la sensación de haber conocido a muchas personas simpáticas y llenas de buenas intenciones, pero mal pertrechadas para ir a la batalla que se anunciaba.

También Obama era jurista. Pero, como Bill Clinton antes que él, su carisma y su inteligencia política le permitieron durante mucho tiempo apartarse de los escollos del legalismo. Después de su salida, no quedaba nada más que el partido de los juristas. Al haber renunciado a transformar, a controlar incluso, el capitalismo y a combatir las desigualdades económicas, los demócratas se conformaron con el objetivo más modesto de representar a las minorías. Lo cual es muy meritorio en sí, pero no cuestiona las dinámicas que han modelado al conjunto de la sociedad estadounidense a partir del comienzo de los años ochenta.

Para compensar su falta de valentía frente a los retos decisivos, los abogados se lanzaron de inmediato a una batalla por los derechos cada vez más dura que los ha llevado a adoptar posiciones mucho más radicales que la mayoría de sus propios electores. En el curso de su campaña para las primarias demócratas en 2020, Kamala Harris contempló la posibilidad de abolir la policía de fronteras, preconizando una financiación pública para el cambio de sexo de los detenidos y de los inmigrantes ilegales.

No solo argumentos como esos se revelaron ineficaces de cara a los votantes, sino que acabaron persiguiendo a la candidata cuatro años más tarde. Una de las publicidades más incisivas de la campaña para la reelección de Trump en 2024 se centró en los pronombres no binarios: «Harris es para elles; Trump es para Vosotros».

*

Desde el punto de vista de los borgianos, el *wokismo* es pan bendito, el combustible ideal para alimentar su máquina del caos. Como los griegos en la Antigüedad, que retiraban sus derechos cívicos a aquellos ciudadanos que, en una guerra civil, no tomaban las armas por uno u otro bando —y como Dante, que los relegaba a las puertas del Infierno, donde serían atormentados eternamente por las avispas—, los borgianos temen sobre todo a los tibios, a los que no se implican en nada. Todo lo que contribuya a elevar el nivel del conflicto sirve para sus objetivos.

Nadie lo ha comprendido mejor que Alexander Nix, el antiguo dueño de Cambridge Analytica. Me parece aún estar viéndolo, más o menos en la misma época de nuestro viaje a Chicago, en una sala del Carlton Club, rodeado de hombres vestidos con trajes de vicuña, haciendo la presentación de su empresa mientras saborea una copa de Pol Roger.

«No somos una agencia de comunicación más —dijo—. Si quieren vender Coca-Cola en un cine y se dirigen para ello a una agencia tradicional, ¿saben ustedes lo que les van a decir?»

Sorprendidos por este inicio nada habitual, los

clientes potenciales, multimillonarios tailandeses, petroleros kazajos, estancieros argentinos, se inclinan un poco más hacia ese hombre tan elegante, epígono de una genealogía de corsarios fundadores de empresas que, en Gran Bretaña, se mantiene sin interrupción desde el siglo XVI hasta nuestros días. Con el tiempo, se han reconvertido en los servicios de seguridad y de información, en el comercio de materias primas y de armas, en las finanzas y el *lobbying* de altos vuelos, pero son siempre los mismos. Destacan por su acento impecable, adquirido en los pupitres de las escuelas privadas, sus tres piezas de tweed y sus zapatos de piel, nunca demasiado nuevos, más por un cierto aire de dejadez con el que demostrar su disposición a sacarle jugo a la vida y a extraer de ella todos los placeres y privilegios que le corresponden por derecho. Son las maneras de un aristócrata de South Kensington y el código moral de un hampón de Brixton.

«Déjenme que les diga lo que pasa si ustedes acuden a una agencia de comunicación tradicional —prosiguió Nix—. Les dirán: multipliquen los puntos de venta, pongan un cartel en la entrada, añádanle la silueta de una modelo en traje de baño bebiendo Coca-

Cola cerca de la caja, pongan publicidad antes del inicio de la película. Un montón de cosas inútiles que no hacen vender ni una lata más, pero que, en cambio, permiten que funcione toda una economía de parásitos, redactores, fotógrafos, realizadores de vídeo, directores creativos que se compran camisetas negras en Loro Piana y se zampan aperitivos de treinta libras en los pubs de Chelsea. Nosotros no trabajamos así. A nosotros no nos interesa la Coca-Cola. Lo que nos interesa es el espectador. ¿Y saben ustedes por qué el espectador compra una Coca-Cola? No porque es *cool*, ni porque las modelos la beben, ni por la publi de cuarenta segundos que ha costado más cara que una peli de Hollywood. El espectador compra una Coca-Cola porque tiene sed. Entonces, ¿saben ustedes cuál es la única cosa que hay que hacer? Subir la temperatura de la sala de cine. Eso es lo que nosotros hacemos. Subimos la temperatura. Para que la gente tenga sed. Simple, ¿no?»

Cambridge Analytica fue barrida por los escándalos que siguieron tras la votación del Brexit, pero las plataformas online en las que pasamos una parte de nuestra vida pública siguen exactamente el mismo principio: subir la temperatura para multiplicar la intervención. Si la movilización de los prejuicios siempre ha sido el nervio del combate político, las redes sociales han permitido darle una dimensión industrial. Por todas partes, el principio es el mismo. Tres simples operaciones: identificar los temas candentes, las fracturas que dividen a la opinión pública; impulsar en cada bando las posiciones más extremas y hacer que se enfrenten; proyectar el enfrentamiento sobre el público en general, con el fin de que el ambiente se caldee cada vez más.

Las plataformas se presentan como un escaparate, a través del cual se puede contemplar el mundo tal como es, sin la mediación de las élites que controlan los medios tradicionales, pero en realidad solo son espejos de feria que deforman la realidad hasta el punto de hacerla irreconocible, con el objetivo de adaptarla a las expectativas y prejuicios de cada uno de nosotros.

Los ingenieros de Silicon Valley dejaron hace tiempo de programar ordenadores para transformarse en programadores de comportamientos humanos. A partir del momento en que decidimos hacer de ellos la interfaz global a la que confiamos nuestra relación con la realidad, nos pusimos en sus manos, y en las manos de todos aquellos que, *spin doctors* o agentes de influencia, están interesados en alimentar el calentamiento del clima social.

«Yo solo veo aquello en lo que creo», el lapsus revelador de Éric Zemmour durante la campaña presidencial de 2022 fue la ratificación del principio lógico de esta época. Sería un error pensar que es algo que se aplica solo a aquellos que no piensan como nosotros, cuando en realidad todos nosotros estamos sometidos a ese principio, incluidas las élites, que no son menos propensas a la manipulación y a las crisis de pánico que el pueblo en cólera.

Justin Trudeau tiene sentido de la puesta en escena. La sala que ha elegido para su almuerzo sobre la inteligencia artificial parece flotar desde la décima planta de la torre del puerto de Montreal. La mirada de los invitados planea por encima de los edificios de ladrillo rojo de la ciudad vieja y del rascacielos del centro, para fijarse a continuación en las aguas del río San Lorenzo, majestuosamente soleado los primeros días de otoño.

En ausencia del habitual facilitador de conversación, los invitados charlan con espontaneidad, embriagados por las vistas más que por la botella de chardonnay quebequés que nos sirven con parsimonia. Hay un hombre un poco separado de los demás, las gafas de pasta que lleva le confieren el curioso aspecto de alguien cuya mirada estaría más hacia dentro que hacia fuera.

A una discreta señal con la cabeza del primer ministro, nos sentamos a la mesa. Trudeau presume, no sin razones, de presentar a su país como el epicentro de la IA «responsable». Ciertamente, en Toronto es donde Geoffrey Hinton, premio Nobel de Física 2024, ha llevado a cabo sus investigaciones sobre las redes de neuronas artificiales, y además su colega Yoshua Bengio continúa enseñando en el Departamento de Informática de la Universidad de Montreal. Ambos se caracterizan por una tensión ética poco común en nuestro tiempo: Hinton abandonó Google, donde tenía un papel de asesor, para poder expresarse con libertad sobre los riesgos de la IA, y Bengio rechazó los millones que le ofrecían las empresas del sector para conservar su independencia.

Hoy, Yoshua Bengio está sentado frente a su colega Yann LeCun, que dirige el laboratorio de inteligencia artificial de Meta, el grupo que posee Facebook,

WhatsApp e Instagram. Desde el premio Turing que se les concedió *ex aequo* a los tres en 2018, Hinton, Bengio y LeCun están considerados los padres fundadores de la «inteligencia artificial» tal como la conocemos actualmente. El único problema entre ellos es que no están de acuerdo en casi nada. Lo cual es un incordio, dado que el planeta entero espera de ellos un enfoque esclarecedor acerca de una revolución tecnológica que algunos consideran ya uno de los hitos de la historia de la humanidad.

Sus posturas no podrían ser más diferentes. Bengio parece un ser humano normal, sin ese brillo glacial en la mirada típico de los conquistadores tecnológicos. De todos los expertos en la materia, me parece el más creíble. Sus juicios, sus dudas, las cuestiones a veces inquietantes que plantea, son de un científico que busca comprender. Según él, cuando los mayores expertos de determinado campo tienen opiniones tan divergentes y hacen predicciones tan discordantes, que llegan hasta la destrucción de la especie humana, sería sensato desear que la autoridad pública examinase todas las hipótesis, en vez de escoger una.

Sentado frente a él, Yann LeCun posee una personalidad mucho más propia de los tiempos que corren. Su tono dogmático, que no conoce la duda ni el matiz, lo ha hecho muy popular en X, donde tiene más de novecientos mil seguidores, frente a los veintiún mil de Bengio. Desde que dirige la IA de Meta, para compensar su retraso con respecto a Google, LeCun ha invertido miles de millones de Zuckerberg en modelos *open source* que ponen la tecnología más poderosa de la historia de la humanidad al alcance de todos, incluidos los grupos más extremistas: una tecnología que, entre sus numerosas extraordinarias capacidades, puede dotar a cada individuo de un poder de destrucción hasta ahora reservado a Estados. Mientras que otros plantean el problema de la diseminación incontrolada de armas de destrucción masiva, LeCun no tiene ninguna duda: la inteligencia artificial no supone el menor riesgo, y quien pretenda decir lo contrario debe de ser un retrasado mental, incluidos sus antiguos colegas investigadores.

A la mesa, en esta cápsula acristalada suspendida a sesenta metros del suelo que parece salida directamente de una película de ciencia ficción, con sus gruesas gafas y su sonrisa pedante, LeCun recuerda a un Austin Powers que se hubiera vuelto mucho menos gracioso con la edad. Nos dice de entrada que nosotros, en Europa, no podemos comprar las pesadas gafas que él lleva. Meta ha decidido no comercializarlas en la Unión Europea debido a sus normas demasiado restrictivas. El chantaje habitual de las plataformas. Adáptense o se quedarán fuera, excluidos, relegados al olvido en la historia.

En realidad, las monturas conectadas de LeCun ya existen entre nosotros, donde son tan populares como en cualquier otra parte del mundo. La posibilidad de transmitir en directo en Facebook y en Instagram todo lo que esas gafas ven suscita el entusiasmo de los fanáticos de las redes sociales. Al modelo europeo solo le falta un elemento clave: el sistema que permita hacer preguntas sobre lo que se tiene enfrente y obtener las respuestas de la inteligencia artificial de Meta, en una permanente incorporación de nuevos datos.

LeCun ambiciona grandes cosas para sus gafas. «En diez años no habrá móviles, dice, sino gafas de realidad virtual, ¿OK? El ordenador seguirá estando en nuestro bolsillo, pero les hablaremos a nuestras gafas. Ellas nos desplegarán un contenido que se superpondrá al mundo real.»

No veo más que aquello en lo que creo. Gracias a Meta, las gafas dejan de ser una metáfora para irrumpir en nuestra vida diaria. Al ponérselas, cada uno tendrá derecho a su propia realidad. Pronto, diez personas que asistan a un mismo concierto vivirán diez experiencias radicalmente distintas, sus gafas de realidad virtual les permitirán añadir efectos lumínicos, publicidad o incluso artistas invitados. Sucederá lo mismo en el caso de una reunión, una cita política o un simple paseo por la calle.

Las gafas conectadas abren de par en par las puertas de un reino encantado. Imagínense que viajan a un país extranjero cuyo idioma desconocen y ven un cartel: este será traducido automáticamente y mostrado sobre sus gafas de realidad virtual. Hablan con alguien y esa persona no los entiende: la traducción aparecerá en las gafas de esa persona, cuya réplica aparecerá después en las de ustedes. Cruzarán una calle y sus gafas los prevendrán de la presencia de un vehículo que ustedes no hayan visto venir.

«Habrá muchas cosas por el estilo —se regocija LeCun—. Dentro de un tiempo, vuestro asistente virtual sabrá todo lo que hacéis y se hará una idea muy precisa de lo que queréis. Podrá incluso predecir lo que podríais querer.»

Hemos llegado, pues, al punto final. Bajo el control de los oligarcas de las tecnológicas, la interfaz a la que hemos decidido confiar nuestra relación con el mundo brota de nuestros bolsillos y se hace una sola unidad con nosotros, para colmar nuestros deseos antes de que ni siquiera hayamos tenido tiempo de expresarlos.

Mientras que el río San Lorenzo centellea en el horizonte como un gigantesco chip de silicio, un destello negro pasa por delante de mis ojos, sin la ayuda de las gafas de LeCun. Es una imagen que me persigue, la imagen lúgubre de una megalópolis china y de un letrero en caracteres muy grandes alzado al borde de la autopista de Wuhan: «Nosotros creamos el futuro con el que sueña la humanidad».

París, septiembre de 1931

La relación más ventajosa con un monarca es caer en una ligera desgracia. Mientras se pasea por los muelles de la isla de Saint-Louis, es posible que Curzio Malaparte medite las palabras del almirante Von Tirpitz, que tan sabias me han parecido siempre, pero quizá él vea las cosas de otro modo. Esa ligera desgracia en la que él ha caído ante Mussolini acaba de costarle la dirección de *La Stampa*, el gran diario de Turín del que ha sido, durante treinta años, el responsable más joven desde su fundación. Un duro golpe para Malaparte, ambicioso fascista de primera hora, que había llegado por fin a lo más alto, donde se había acostumbrado a ejercer el poder y a brillar en los salones. Sin embargo, al ser solo ligera, su desgracia no lo ha llevado a prisión, donde terminará dos años más tarde, sino solamente a las orillas del Sena, libre de cultivar su gusto por las lecturas edificantes y las cenas mundanas.

Este paso a un lado no es el primero que da. Podría decirse, incluso, que el elemento sustancial de la personalidad de Malaparte es una cierta tendencia al desplazamiento. Nacido en el corazón de la Toscana, Kurt Erich Suckert tiene un padre que, además de alemán, es protestante, tortuoso, autoritario, y una madre italiana que no lo quiere. A la edad de quince años, huye de casa para enrolarse en el ejército francés contra Alemania. Después de la guerra, se adhiere al partido fascista antes de que este tome el poder y escribe textos incendiarios; pero su mejor amigo es Piero Gobetti, el más joven y brillante de los intelectuales antifascistas, y en cuanto le confían *La Stampa*, despide a los chupatintas del régimen y da un empujón a los mejores escritores de su generación: Corrado Alvaro, Elio Vittorini y Alberto Moravia.

Su relación con Mussolini es una imagen de su zigzagueante trayectoria: el Duce aprecia el talento de Malaparte, pero no se fía de él. Sabe que se trata de alguien totalmente imprevisible, capaz de tirar a su mejor amigo a las vías del tren con tal de lograr una frase redonda. Así que mejor adelantarse y tirarlo a las vías antes.

A partir del verano de 1931, a todos esos desplazamientos se añade entonces la ligera desgracia que lo ha conducido al exilio. Aun así, Malaparte se encuentra en París para vagabundear por los muelles, debatir sobre la actualidad política y literaria con sus amigos Daniel Halévy y Jean Guéhenno, o aprovecharse del fasto de las últimas recepciones ofrecidas por la princesa Bibesco, actividades todas ellas que le encantan. Acaba de publicar un breve tratado sobre la *Técnica del golpe de Estado*. En ese libro, Malaparte disecciona el método empleado tanto por los partidos de extrema derecha como por los de extrema izquierda, que rechazan la democracia liberal y «sitúan el problema del Estado en el terreno revolucionario».

Malaparte no conoce esos movimientos de una manera teórica, los ha visto actuar. Siendo muy joven, participó en el Consejo Superior de Guerra de Versalles. Incorporado a continuación a la legación de Italia en Polonia, asistió a la batalla entre las tropas del mariscal Piłsudski y el ejército bolchevique. De regreso en Italia, tomó parte en la Marcha sobre Roma y en el ascenso al poder de Mussolini. Como periodista, viajó por la URSS, desde donde escribió, a finales de la década de 1920, algunos de los reportajes más esclarecedores sobre las luchas intestinas del nuevo régimen soviético.

La idea que extrajo de ese régimen, expuesta en su *Técnica del golpe de Estado*, también es revolucionaria: Malaparte señala que algo ha cambiado en la manera de apoderarse del poder, aunque la mayoría de la gente, incluidos los líderes del campo liberal y demócrata, no se haya dado cuenta. Más que un hecho político, la revolución se ha convertido en una cuestión técnica, y mil hombres bien organizados tienen más oportunidades de hacerse con las riendas del Estado que una masa revolucionaria en armas.

Para ilustrar su argumento, Malaparte pone como máximo ejemplo la Revolución de Octubre. El bravo Kérenski, que había tomado el poder en Rusia tras la abdicación del zar, era débil o incapaz, según él mismo. Había dado muestras de determinación y de valentía al reprimir primero el alzamiento de los obreros y desertores, y luego el de los reaccionarios dirigidos por Kornilov. En el otoño de 1917, había tomado todas las precauciones posibles contra una eventual insurrección bolchevique. Las mismas que habría tomado cualquier jefe de Gobierno liberal, añade Malaparte con sadismo, y los cita uno a uno: Poincaré, Lloyd George, MacDonald, Giolitti, Stresemann. Consciente de arriesgarse a un golpe de fuerza, Kérenski procura defender la organización burocrática y política del Estado, el Palacio de Invierno, los ministerios, la sede del Parlamento, el Estado Mayor. Es lo que habría hecho todo hombre de Estado dotado de sentido común.

Pero frente a él hay un hombre que ha comprendido que las reglas del juego ya no son las mismas. Los revolucionarios deben ignorar la existencia del Gobierno de Kérenski, dice Trotski. La clave del Estado no es la organización burocrática y política, no es el palacio Táuride, ni el palacio Marie, ni el Palacio de Invierno, sino la organización técnica, es decir, las centrales eléctricas, los ferrocarriles, el teléfono, el telégrafo, el puerto, los gasómetros, los acueductos.

«Para apoderarse del Estado moderno —dice Trotski, o al menos el Trotski de Malaparte—, hacen falta una tropa de asalto y otra de técnicos: grupos de hombres armados, comandados por ingenieros.»

Sus propios camaradas de partido tienen dudas, su idea ha sido siempre la de una insurrección de masas, la revolución proletaria, no la de una operación quirúrgica manejada por un puñado de especialistas.

Pero Trotski prosigue con su plan sin desanimarse. Entre la inmensa confusión que reina entonces en Petrogrado, nadie repara en los pequeños grupos de obreros y de marinos desarmados que se cuelan a hurtadillas por los pasillos de las centrales telefónicas y telegráficas o de las oficinas de correos, ni en los técnicos que estudian, allí mismo, el trazado de los conductos de gas y de agua, de los cables eléctricos, de telefonía y telegrafía. Cuando se cruzan en los pasillos de las oficinas y en las escaleras de las centrales, los agentes de Trotski fingen no conocerse.

El 21 de octubre, los grupos encargados de conquistar las estaciones hacen un ensayo general que se desarrolla perfectamente. Nadie se ha dado cuenta. Ese mismo día, según relata Malaparte, tres marinos se dirigen a la central eléctrica, cerca de la entrada del puerto. El director los recibe con entusiasmo: Por fin, les dice, hace semanas que he pedido a la comandancia militar que me envíen un servicio de refuerzo. Los tres bolcheviques se instalan en la central, para defenderla, dicen ellos, de los guardias rojos, en caso de insurrección. Asimismo, otros marinos, repartidos por la ciudad, ocupan las demás centrales municipales.

El 24 de octubre, Trotski lanza el ataque. Todo sucede en pocas horas. Los técnicos del Ejército Rojo se apoderan de los nudos vitales del Estado sin tocar sus órganos políticos: Parlamento, ministerios y sede del Gobierno quedan como están. Jamás se ha visto hasta ahora, dice Malaparte, una insurrección que proclame la victoria dejando las manos libres al Gobierno. Ni siquiera Lenin está convencido. Al día siguiente, se dirige al palacio Smolny para el segundo congreso de los sóviets disfrazado de obrero, sin barba y con peluca. Al verlo, Trotski se burla de él: «¿Por qué sigues disfrazado? Los vencedores no se ocultan».

«Elon, he abierto un debate político inspirado en tus ideas y en las de Milei. Aunque el control de las migraciones es crucial para Alemania, el AfD se opone a la libertad, a las empresas, y además es un partido de extrema derecha. No saques conclusiones precipitadas desde lejos. Veámonos y te mostraré cuál es la lucha de mi partido.»

Entre los miles, los cientos de miles de mensajes puestos diariamente en las redes sociales por los políticos de todo el mundo, es difícil encontrar uno que sea más patético, más bobo, más tristemente ingenuo que esta apelación de Christian Lindner, antiguo ministro de Economía y líder del partido liberal-demócrata alemán, dirigida el 20 de diciembre de 2024 a Elon Musk.

La respuesta del hombre más rico del mundo no se hizo esperar. «Los partidos políticos tradicionales han traicionado completamente al pueblo alemán. El AfD es la única esperanza para Alemania.»

Después de haber dado su apoyo a Jair Bolsonaro, a Milei y a Bukele. Después de haber contribuido masivamente a la elección de Donald Trump en Estados Unidos, Musk se volvió hacia Europa. En Gran Bretaña, se puso del lado del partido que originó el Brexit. Y en Alemania, junto al AfD, el partido de extrema derecha.

Quienquiera que imaginara que esta conducta es una de las múltiples excentricidades de un multimillonario de origen sudafricano cometería un error fatal. La verdad es que el modo de proceder de Musk revela algo mucho más sustancial, que va más allá de las preferencias de un mero, aunque sorprendente, señor de las tecnológicas. Algo de raíces mucho más profundas y destinado a tener consecuencias mucho más serias.

Los conquistadores de la tecnología han decidido desprenderse de las antiguas élites políticas. Si alcanzan sus objetivos, el mundo de Lindner y de todos los que son como él, los liberales y los socialdemócratas, los conservadores y los progresistas, todo aquello que estamos acostumbrados a considerar como el eje sostenedor de nuestras democracias será barrido de un plumazo.

Hasta ahora, las élites económicas, los agentes financieros, los empresarios y los directivos se han apoyado en una clase política de tecnócratas —o de aspirantes a tecnócratas— de derecha y de izquierda, moderados, aburridos, más o menos indiferenciados, que gobernaban su país basándose en los principios de la democracia liberal, según las reglas del mercado, a veces atemperadas por consideraciones sociales.

Era el consenso de Davos. Un lugar donde las pistas azules para esquiar, amablemente balizadas por los quitanieves, habían reemplazado las desmesuradas convulsiones de *La montaña mágica*.

En la hora de los depredadores, este equilibrio ha explotado. Las nuevas élites tecnológicas, los Musk y los Zuckerberg, no tienen nada que ver con los tecnócratas de Davos. Su filosofía de vida no se basa en la gestión competente de lo que ya existe, sino más bien en unas tremendas ganas de cargárselo todo. El orden, la prudencia, el respeto de las reglas son anatema para quienes se han entrenado moviéndose rápido y rompiendo las cosas, según reza la divisa de Facebook.

Los señores de las tecnológicas tienen mucho más en común con los borgianos. Al igual que ellos, casi siempre son personajes excéntricos que han tenido que romper los códigos para hacerse un hueco. Al igual que ellos, no se fían de los expertos ni de las élites, ni de quienes representan el antiguo mundo y que podrían impedirles alcanzar sus sueños. Al igual que ellos, les gusta la acción y están convencidos de poder moldear la realidad según sus deseos; la viralidad prima sobre la verdad y la velocidad está al servicio del más fuerte. Al igual que ellos, demuestran un claro menosprecio hacia los políticos y los burócratas: constatan su debilidad e hipocresía y sienten que su época ya ha pasado. Gracias a internet y a las redes sociales, la debilidad y la hipocresía de las antiguas élites están además expuestas a los ojos de todo el mundo.

De hecho, los señores de las tecnológicas son ellos mismos borgianos, y esta convergencia va mucho más allá del papel, por importante que este sea, que cualquiera de sus representantes pueda desempeñar.

La reelección de Trump supone, también desde esta perspectiva, un punto de inflexión, ya que, a estas alturas, los conquistadores de las tecnológicas se sienten, en este momento, lo suficientemente fuertes para declarar la guerra a las antiguas élites. Hasta el presente, la convergencia entre los borgianos y los tecnólogos estaba disimulada por el hecho de que estos últimos no se atrevían a contestar abiertamente la supremacía del bloque de Davos. Durante muchos años, los señores de las tecnológicas han tenido que dar muestras de diplomacia, ser más zorros que leones, aunque en su fuero interno rugiera el deseo de afirmar su superioridad sobre los líderes de las viejas tribus políticas.

Antes que Musk estuvo Eric Schmidt.

Por su educación, su carácter y sus cálculos tácticos, Eric Schmidt es lo opuesto a Elon Musk. Todo lo que este último tiene de insolente y transgresor lo tiene el otro de amable, discreto y conciliador. Al verlo deambular por los pasillos del Pentágono o entre los próceres del Aspen Institute, un poco torpe en su traje demasiado grande, siempre sonriente, con una expresión de infinita tolerancia pintada en su cara, podría pasar por un cura rural, de los que se convierten en el pilar de su comunidad, como sucedía en otros tiempos. En realidad, se trata más bien de un cardenal, uno demasiado astuto y consciente de su poder como para aspirar al trono de Pedro.

Si el padre de Carlos VIII quiso que el Delfín aprendiera solamente cinco palabras en latín: *Qui nescit dissimulare nescit regnare*, «quien no sabe disimular no sabe reinar», el padre de Eric Schmidt, aunque no fuera rey de Francia, sino tan solo un profesor de Economía internacional, debió de inculcarle una lección similar.

Muy al principio de los años 2000, cuando Google iba directo al fracaso y los dos brillantes sociópatas que lo habían fundado se dieron cuenta de que necesitaban a un adulto a bordo, se dirigieron a Eric Schmidt. Desde aquel momento, cuando cogió las riendas de la empresa, Schmidt hizo de Google el coloso que es hoy en día y dejó que Larry y Sergey, los dos fundadores, se dedicaran aparte al pasatiempo de sus búsquedas posthumanas que tanto despertaban su interés. Durante los comités ejecutivos en Mountain View, ambos se quedaban literalmente pegados a sus pantallas hasta el momento en que Schmidt cambiaba de tono: «Larry, Sergey, necesito que me prestéis atención en este punto». Volvían entonces a la superficie por unos instantes, antes de reanudar su investigación metafísica.

Durante la presidencia de Obama, Schmidt era omnipresente. Tan pronto como surgía alguna cuestión científica, tecnológica, digital o de política industrial, se lo veía aparecer, con su ropa ancha y su rostro beatífico, siempre a punto de dar una bendición cristiana a la concurrencia.

En 2012, su contribución a la reelección del presidente demócrata fue mucho más importante que la que tuvo Musk en favor de Trump. En aquella época, las cosas no se presentaban muy bien para Obama. El entusiasmo suscitado por su elección había caído al cabo del tiempo, la recuperación económica se hacía de rogar y los soldados estadounidenses continuaban muriendo por la acción de los «artefactos explosivos caseros» en Irak y en Afganistán. De todos los ingredientes que habían posibilitado su elección triunfal, no quedaba más que uno al que apostar todas las fichas: internet. Por suerte, su eminencia Eric Schmidt no estaba lejos.

El 20 de enero de 2011, la Casa Blanca anuncia la constitución del equipo para la reelección del presidente. Jim Messina, que ya dirigió la parte digital de la campaña, se pone al mando de las operaciones. Ese mismo día, en Mountain View, Eric Schmidt dimite con toda discreción de sus funciones como jefe máximo de Google, conservando para sí la de presidente de la empresa, lo que le deja las manos libres para ayudar a su protegido Messina a reelegir a su amigo Barack. Juntos preparan la estrategia: crear la base de datos electorales más amplia que jamás se haya visto, con el objetivo de dirigirse individualmente a cada elector en cada Estado en que se desarrolle la campaña. Si la de 2008 fue la de internet como herramienta de comunicación, la campaña de 2012 será la de internet como herramienta de información.

La operación es bautizada como *Proyecto Narval*, por el nombre del cetáceo con un largo cuerno que surge de entre las olas cual monstruo marino para dejar patidifusos a sus adversarios. Los republicanos no se enterarán de nada. Durante meses, seis días a la semana, catorce horas al día, decenas de ingenieros prestados por Google, aunque también por Twitter, Facebook y muchas otras empresas de Silicon Valley, trabajan en la creación de esa poderosa criatura de las profundidades. Gracias a ella, Obama empieza el año de su reelección con la certeza de conocer el nombre de cada uno de los 69.456.897 estadounidenses cuyo voto lo ha llevado a la Casa Blanca. Los votos, claro está, se manifiestan mediante papeletas secretas, pero los datos de Narval son tan detallados que los analistas han llegado a identificar a los seguidores de Obama en cada circunscripción. A cada elector se le atribuye una horquilla de probabilidades de cero a cien. Cero significa que el elector va a votar por Romney. Cien, que se decantará absolutamente por Obama. A partir de ahí, solo es cuestión de concentrar todos los recursos en la horquilla comprendida entre el cuarenta y cinco y el cincuenta y cinco en los estados bisagra y listo.

Durante toda la campaña, Narval persigue a los electores «útiles» casa por casa, enviando a cada uno un mensaje adaptado a sus ideas y sus intereses. Al haberse estrellado contra el muro de lo real la gran visión de 2008, los estrategas de Obama invirtieron la tendencia. De herramienta de movilización, internet pasó a ser herramienta de segmentación: un juego de niños para Schmidt, a la cabeza de la mayor empresa publicitaria del planeta, pero una revolución para la política norteamericana y más allá. Por primera vez, en 2012, la campaña electoral de la primera democracia del mundo se transforma en una guerra de informáticos y, gracias al cardenal de la tecnología, la superioridad de los demócratas resulta aplastante.

La noche de la elección, Schmidt se encuentra en la sede de la campaña en Chicago. Una foto poco nítida lo muestra en vaqueros, camisa de cuadros, rodeado de gente comiendo patatas fritas. Aquella noche, Obama obtiene el cincuenta y uno por ciento de los votos, es decir, tres millones y medio menos que la vez anterior, pero estratégicamente repartidos de manera que le permiten ganar la mayoría de los grandes electores. Si la victoria de 2008 tenía un claro componente político, la de 2012 es esencialmente técnica.

A partir de ese día, el aroma de santidad que emana el cardenal de la tecnología se filtra por cada rincón de la administración demócrata. Dos semanas después de la reelección de Obama, la comisión antimonopolio, que había iniciado acciones judiciales contra Google, archiva el caso. Miembro de pleno derecho de la oficina de asesores para la Ciencia y la Tecnología de la Casa Blanca, Schmidt es nombrado presidente del primer Defense Innovation Board, oficina encargada de las estrategias para «garantizar la supremacía tecnológica y militar de Estados Unidos», según la misión que él mismo designa para este nuevo organismo, y, en consecuencia, presidente de la primera comisión sobre la inteligencia artificial: el cardenal se instala en el centro del reactor y su palabra es autoridad en todos los asuntos al respecto que vendrán en adelante.

La parábola del cardenal de Google es el ejemplo más asombroso entre los numerosos casos de conquistadores de las tecnologías que han ido de la mano de los demócratas durante años, hasta el final de la administración Biden, en realidad.

Esta cercanía hizo que el partido de los abogados, siempre puntilloso en cuanto a las normas y el derecho, olvidara imponer reglas a las plataformas sobre las que transfirió una gran parte de la vida política de la nación. Incluso después de la primera elección de Trump, cuando ya estaba claro que en adelante el poder de las plataformas alteraba profundamente el funcionamiento de la democracia estadounidense, los demócratas nunca hicieron el menor intento de imponer un mínimo de responsabilidades a los que se habían convertido, de manera evidente, en los nuevos amos del juego. Cuando el juego se desplazó al terreno de la inteligencia artificial, el partido de los abogados mantuvo la misma indiferencia olímpica, contentándose con algunos encuentros cordiales con los gerifaltes de Google y de Microsoft. A ellos se debe que hoy en día, en vez de desarrollarse bajo la batuta del Gobierno, como sucedió con las armas atómicas y demás tecnologías militares, la IA se extienda sin control, en manos de empresas privadas que se elevan al rango de Estados nación.

Desde hace treinta años, desde mediados de los noventa hasta hoy, los demócratas de Estados Unidos se postran ante los empresarios de las tecnológicas, que han podido pasar de ser amables *nerds* un poco ásperger como eran, prometiendo un futuro de fraternidad universal, a ser unos espantosos Molochs, no menos ásperger, enzarzados en una guerra sin piedad por la supremacía planetaria e intergaláctica.

«El Imperio mexicano fue, en cierto modo, conquistado por los mexicanos», constataba uno de los primeros historiadores de la colonización española, en la época de Moctezuma II. Un puñado de aventureros, desprovistos de mapas y sin ningún conocimiento de la lengua o de las costumbres del lugar, jamás podría haberse apoderado del Estado más poderoso de América y de su capital de doscientos mil habitantes, si no hubiera contado con la complicidad de terratenientes locales, intimidados por las brujerías de los recién llegados o motivados por el afán de lucro.

En la era de la colonización digital, los dirigentes moderados han cumplido una función similar. Algunos de ellos incluso han ido más allá, poniéndose al servicio de los nuevos conquistadores. Como hizo el antiguo vicepresidente Al Gore, quien, después de haberse ocupado de todo lo concerniente a internet en la Casa Blanca, recaudó cientos de millones de dólares, primero para Apple y luego para una sociedad de capital riesgo de Silicon Valley. O Nick Clegg, ex viceprimer ministro británico, convertido en el lobista principal de Mark Zuckerberg antes de pasar a ser una especie de mayordomo suyo, pocos días después de la reelección de Trump.

Porque entretanto, como cabía esperar, los conquistadores se quitaron la máscara. Nadie niega que los Eric Schmidt y los Bill Gates fueran sinceros cuando se presentaban como buenos demócratas progresistas. Algunos de ellos se lo siguen considerando todavía. Pero lo que está claro es que, más allá de preferencias individuales, la convergencia entre los señores de las tecnológicas y los borgianos es estructural. Estas dos especies de depredadores sacan su poder de la insurrección digital y ninguna de las dos está dispuesta a tolerar que se pongan límites a su voluntad de poderío: los abogados son sus enemigos naturales, el objetivo que batir para hacer posible que el mundo nuevo eclosione.

En la hora de los depredadores, los borgianos de todo el planeta ofrecen a los conquistadores digitales los territorios que gobiernan como un laboratorio, para que desplieguen en ellos su visión del futuro sin que se interpongan leyes o derechos de otros tiempos. MBS construye unos enclaves específicos en los que no regirán más que las leyes de las tecnológicas, Bukele ha adoptado el bitcoin como moneda oficial de su país, Milei planea edificar centrales nucleares para alimentar a los servidores de la IA. Por su parte, Trump ha destinado secciones enteras de su administración a los aceleracionistas más desaforados de Silicon Valley. Bajo su dirección, el mundo se transforma en un *patchwork* de territorios que se precipitan hacia un futuro posthumano sin la menor protección.

Los abogados se postran ante los nuevos amos, no solo en Estados Unidos, sino en el mundo entero. Creían que su sumisión los salvaría, pero no ha sido así. Pese a que el ciclo se ha derrumbado sobre sus cabezas, la mayoría no ha comprendido aún lo que les ha ocurrido, como es el caso del brillante líder de los liberales alemanes. Se repetían a sí mismos que bastaría una pequeña discrepancia entre Donald Trump y Elon Musk para que cambiara la situación. Quién sabe, quizá están esperando todavía a un De Maistre que les advierta, como hizo él con la marquesa de Costa: «Hay que tener el valor de reconocerlo, señora:

durante mucho tiempo no hemos entendido nada de la revolución de la que somos testigos; hemos creído que es un mero *acontecimiento*. Estábamos en un error: es una *época*».

Roma, octubre de 1998

Siempre se dice que la vejez es la época de la sabiduría, pero lo admirable es cuando sucede lo contrario. No hay nada más irresistible que la locura de un anciano que se ha liberado de todos sus complejos y de todas sus ambiciones, que ya no necesita ni desea contentar a nadie y que dice las cosas como son, divirtiéndose, tratando de meter un poco de miedo y a veces incluso lográndolo.

Cuando yo tenía veinte años, frecuentaba a una de esas personas. Había leído mi primer libro y me invitaba a comer de vez en cuando, le gustaba tener a alguien a quien contarle sus historias. Se llamaba Francesco Cossiga, era conocido por sus depresiones y su inteligencia. Había sido ministro del Interior cuando secuestraron a Aldo Moro, luego primer ministro y presidente de la República italiana. Ninguno de esos cargos había calmado su naturaleza bipolar y sus momentos de exaltación se alternaban con periodos de depresión. Cuando lo conocí, daba la impresión de ser alguien que se levantaba por la mañana con la única preocupación de saber cómo iba a llenar el resto del día. Ponía toda la maquiavélica inteligencia que lo había conducido hasta la cumbre del Estado, pasando por las intrigas más oscuras de los años de plomo, al servicio de este solo objetivo: divertirse, y a ser posible arrancando una sonrisa a algunos de sus amigos y un escalofrío de terror a sus numerosos enemigos. Contaba historias abracadabrantes, analizaba la situación presente, entendía los entresijos y, de vez en cuando, daba una entrevista que provocaba una detonación en el microcosmos de la política romana: pequeños monumentos de inteligencia política, de cinismo, de ironía feroz e indiferente. ¿El primer secretario del antiguo Partido Comunista? Un zombi con bigote. ¿El alcalde de Palermo, Leoluca Orlando? Un pobre muchacho, corrompido por un cura fanático, que cree vivir en el Paraguay del siglo XVII.

Por la noche, miraba los programas de teletienda de las cadenas locales. Luego llamaba a la centralita y pedía un juego completo de cuchillos. «So-y Fran-ces-co Cos-si-ga», recitaba con la cadencia sarda que distingue cada sílaba con una precisión teutona. Los operadores no se lo creían, pero le regalaban los cuchillos.

Era un apasionado de la tecnología y del espionaje. Un día, después de comer, se sentó en un sofá y empezó a aporrear el teclado de su teléfono móvil. Yo pensé que estaba llamando a alguien, pero al cabo de unos minutos vi que seguía haciéndolo, muy concentrado. Empecé a preocuparme, temiendo que hubiera perdido por completo la razón. En lugar de eso, lo que hacía era enviar su primer SMS. En aquella época, nadie imaginaba que el teléfono se convertiría en un medio para intercambiar mensajes. Era algo que solo hacían el antiguo presidente y el jefe de los servicios secretos.

Y luego, un día, salió de su letargo e hizo caer el Gobierno de Prodi, para el que yo trabajaba en aquel tiempo con todo el ímpetu de mi edad. Dejé de verlo a partir de entonces: ya no me parecía tan gracioso.

Poco después, me crucé con él en la plaza del Panteón, rodeado de la pequeña corte felliniana que en Roma se forma enseguida alrededor de los poderosos.

—Presidente, ¿qué pasó...?

Me miró como si no me hubiera visto nunca antes. Luego hizo un gesto como diciendo: me traen sin cuidado los SMS, el Gobierno de Italia y los cuchillos de la teletienda.

Más tarde explicó que se había visto obligado a hacer lo que hizo, una vez que Estados Unidos había decidido bombardear Kosovo y la extrema izquierda, que apoyaba a Prodi, no permitía la utilización de las bases militares italianas. «El problema de los norteamericanos es el siguiente —decía—: se toman en serio el "sí es sí, no es no" evangélico y no son partidarios del "quizá" ni del "por otra parte", formas características del lenguaje político italiano.»

La *realpolitik* de Cossiga me infligió una de las primeras desilusiones políticas de mi vida. Pero he de admitir que, pese a ello, he seguido teniendo debilidad por los ancianos, capaces todavía de fabricar lo inesperado. Es el espíritu de Tolstói, quien, a los ochenta y dos años, huyó de su casa y fue a morir al borde de una vía férrea que debía llevarlo no se sabe adónde. Es el del último Sartre, que reniega del marxismo y se lanza al estudio de la Torá, escandalizando a los maestrillos de la *rive gauche* (traicionar a los discípulos: otra de las buenas acciones subestimadas de la locura senil...). Y es el caso de todos los personajes que han preferido continuar dando mal ejemplo, antes que abrumar a su progenie con buenos consejos.

En apariencia, Henry Kissinger no formaba parte de esa categoría; era más bien un entomólogo del poder, que ha seguido hasta el final cultivando sus relaciones, hasta el punto de festejar cuatro veces su centenario —en Nueva York, en Connecticut, en la campiña inglesa y en Baviera— para no decepcionar a ninguno de sus innumerables acólitos.

Antiguo asesor de John Kennedy, luego secretario de Estado de Richard Nixon, historiador, diplomático, Kissinger ha sido el último representante de la generación marcada por la Segunda Guerra Mundial que tenía acceso a todos los grandes de este mundo; la última eminencia gris, si no negra, que podía volar a Pekín para discutir con Xi Jinping y luego entregar un mensaje confidencial al presidente de Estados Unidos.

Conocía íntimamente los gozos y las frustraciones del papel de asesor. En cierta ocasión dijo: «Ser asesor es como estar en la posición de alguien sentado al lado de un conductor que se dirige hacia un precipicio y a quien se le pide que el depósito de gasolina esté lleno y la presión de las ruedas sea la adecuada».

Además de cierta propensión a la *realpolitik*, Kissinger compartía con Cossiga un feroz sentido del humor. Cuando uno se dedica a la política, decía él, no tiene más que dos opciones: o ser gracioso a propósito o serlo sin querer, que es tanto como hacerlo adrede.

A quien le preguntaba cómo prepararse para desempeñar un papel en el mundo, Kissinger le respondía con las palabras de Winston Churchill: «Estudie historia, estudie historia y estudie historia». El sumun de la transgresión, en una época en que los borgianos apuestan por las memorias que se difuminan para reescribir la historia y reactivar las pasiones de los movimientos antidemocráticos de la primera mitad del siglo xx, mientras que los señores de las tecnológicas hacen de su ignorancia del pasado un argumento de marketing.

«¡Estar de nuevo en Pekín es genial! He empezado mi visita con una carrera por la plaza de Tiananmén», escribe Marc Zuckerberg, subiendo una foto suya en camiseta mientras hace *jogging* por la plaza en la que miles de estudiantes fueron masacrados por el ejército chino en la primavera de 1989. «He aprendido a utilizar la palabra *imposible* con mucha prudencia y espero que vosotros adoptéis la misma actitud en vuestra vida», saca pecho Jeff Bezos, citando a un científico nazi como modelo para su aventura espacial.

Dicho esto, Kissinger era todo menos un vejestorio nostálgico. Más bien lo contrario, estaba poseído por el deseo de penetrar la realidad del que tan cruelmente carece la mayor parte de la generación de poderosos de hoy en día. Para quien sabe servirse de ella, la historia es sobre todo el mejor medio para comprender lo que sucede verdaderamente nuevo.

En 2015, según contó él, se hallaba en una conferencia y había previsto saltarse la sesión sobre la inteligencia artificial, tema del que no sabía nada y que no le concernía lo más mínimo. Luego, por escrupulosidad germánica, decidió asistir. Y entonces hubo un flechazo: el fundador de DeepMind, Demis Hassabis, estaba introduciendo un programa que supuestamente debía servir para vencer al campeón del mundo de go. Pero Kissinger comprende de inmediato que lo que está en juego es mucho más amplio y que, al contrario de lo que él pensaba, ese envite le concierne directamente, «como historiador y como hombre de Estado a tiempo parcial».

Por primera vez, dice, «el conocimiento humano pierde su carácter personal, los individuos se transforman en datos y los datos se vuelven preponderantes». La IA no es más que un simple acelerador de poder, se trata de una nueva forma de poder, diferente de todas las máquinas inventadas por el hombre hasta ahora. Si la automatización se refería a los medios, la IA se interesa en los fines; establece sus propios objetivos y «desarrolla una capacidad que se creía reservada a los seres humanos. Emite juicios estratégicos sobre el futuro».

Ahí donde sus colegas más jóvenes, abogados demócratas o próceres de Davos, no perciben aún nada más que un desafío técnico, Kissinger capta desde el principio la IA como un desafío político. Es lo que habría hecho, creo yo, el viejo Cossiga, o incluso cualquier otro experimentado dirigente de su generación. Al haber sufrido la guerra en su juventud, ninguno de ellos habría caído en la trampa de concebir el poder como una competición entre tecnócratas armados de diapositivas PowerPoint. Sin necesidad de haber leído a Fénelon, sabían por instinto que para los hombres es imposible esperar que una potencia superior se ciña a los límites de una estricta moderación. Con su partida, hemos perdido esa conciencia en el preciso momento en que hace su aparición una nueva potencia. Como entomólogo del poder, Kissinger discierne su naturaleza profunda de esa nueva potencia. Tal como él la describe, la IA surge como una tecnología borgiana, cuyo poder se basa en su capacidad de producir estupefacción. Como los borgianos, la IA se nutre del caos y extrae de este la sorpresa. Su capacidad de acción es todavía limitada, ciertamente, pero ya se perfila en el horizonte una nueva generación de programas, capaces de realizar tareas de manera autónoma. Como los borgianos, la IA no se complica con reglas ni procedimientos. Nadie, ni siquiera sus creadores, sabe cómo toma sus decisiones. Lo único que cuenta es el resultado —el éxito, diría Milei—, cualquiera que sea la manera como lo ha conseguido. El poder de la IA no tiene nada de democrático ni de transparente. Más que artificial, la IA es una forma de inteligencia *autoritaria,* que centraliza los datos y los transforma en poder. Todo en la opacidad más absoluta, bajo el control de un puñado de empresarios y de científicos que cabalgan el tigre esperando que no los devore a ellos.

El gran dilema que estructuró la política en el siglo xx es la relación entre el Estado y el mercado: qué parte de nuestra vida y del funcionamiento de nuestra sociedad debe estar bajo el control del Estado y qué parte debe dejarse al mercado y a la sociedad civil. En el siglo xxi, la escisión clave es entre el ser humano y la máquina. ¿En qué medida nuestras vidas deben someterse a potentes sistema digitales y en qué condiciones? A fin de cuentas, los individuos y las sociedades deberán decidir qué aspectos de la vida hay que reservar a la inteligencia humana y qué otros han de confiarse a la IA o a la colaboración entre el hombre y la IA. Y cada vez que elijan privilegiar al humano, en situaciones en las que una IA hubiera podido garantizar resultados más eficaces, habrá que pagar un precio.

Lo llamativo es el desconcierto del público asistente. Sin embargo, en el escenario, cada uno de nosotros ha desempeñado su papel. El asesor científico del presidente estadounidense ha hecho sus preguntas, neutras, educadas, destinadas a evitar asperezas, sobre todo a no perturbar, aunque fuera por un instante, el monólogo triunfal de los señores de las tecnológicas.

Sam Altman, el jefe de OpenAI, ha hablado cuando le ha llegado el turno, con esos ojos como platos que le dan siempre la expresión alarmada de un animalillo del bosque, un cervatillo o un conejito, en contradicción con el tono monótono y la voluntad de poder sin límites que transmite en cada una de sus frases, incluida la más anodina.

Demis Hassabis ha encarnado el rostro sonriente del posthumano, quizá más inquietante aún detrás de su afabilidad mediterránea, porque sentimos que él cree en ello, que para él no es una cuestión de dinero, ni de poder, que piensa de verdad que la única esperanza para la humanidad es remitirse al dios digital que él está creando en la fábrica de DeepMind.

Por lo que a mí respecta, lo primero que he hecho ha sido interpretar uno de mis papeles preferidos: el del tipo que no entiende muy bien qué hace allí y que, según toda lógica, no debería encontrarse en esa mesa. Luego lo entendí. Los organizadores del debate a puerta cerrada sobre las perspectivas de la IA necesitaban un humano. Al lado de los semidioses ocupados en concebir sus futuros felices sin nosotros, querían que hubiera un ser humano más o menos normal, dispuesto a formular algunas dudas sobre su proyecto empresarial. Pensé, entonces, que rechazar el papel del humano sería una forma de deserción particularmente humillante.

Por mi experiencia de escriba azteca, es cierto que soy un absoluto incompetente en materia de inteligencia artificial. En cambio, habituado a la política, he desarrollado una clara competencia en materia de estupidez natural. Y cuando pensamos en el porvenir de la inteligencia artificial, hemos de admitir que, en vez de reforzar nuestra inteligencia humana, va a reforzar nuestra estupidez.

Así pues, cierta tarde de primavera, en un hotel de Lisboa, me hallé delante de una pequeña muestra de la legendaria agenda de direcciones de Kissinger: el secretario general de la OTAN y su comandante militar, el presidente del Parlamento Europeo, dos o tres jefes de Gobierno, una multitud de ministros, comisarios, jefes de servicios secretos, un surtido de varios multimillonarios y de directores generales de varias grandes empresas.

El sueño despierto de todo conspiranoico, la cúpula de los Illuminati que supuestamente dirige el destino del planeta. Y, sin embargo, si un conspiranoico hubiera asistido a esa reunión con una mente abierta, lo que en realidad no es muy corriente entre ellos, habría sido testigo de un curioso fenómeno.

A medida que Altman y Hassabis avanzaban en su exposición, su auditorio ponía una cara cada vez más perpleja. Al padecer el primero el síndrome de Asperger y el otro estando completamente absorto en su búsqueda mesiánica, el jefe de OpenAI y el de Deep-Mind estaban ciegos ante lo que ocurría, pero el fenómeno era muy chocante. Mientras escuchaban a los dos papas de la IA, los simples pero todopoderosos mortales presentes en la sala se daban cuenta, cada vez con más claridad, de que no había el menor punto de contacto entre su experiencia y el mundo nuevo que se desplegaba ante sus ojos. Peor aún, de que no podían establecer ninguna relación humana con los portadores de la Buena Nueva, pues estos últimos vivían ya en otro mundo, donde todo lo que había constituido la esencia de la aventura humana hasta entonces, empezando por la autonomía del individuo, había dejado de tener sentido. Cuanta más confianza trataban de transmitirles los tecnólogos, más escalofríos recorrían la columna vertebral de los asistentes. En un momento dado, viéndolos hundirse en sus asientos, me acordé de la expresión del pobre capitán Rocca, aquella famosa noche en Chicago. Esta tarde, en Lisboa, los amigos de Kissinger, los gobernantes y los directores generales tenían exactamente la misma cara que el capitán Rocca. Poco importaba si su posición en el orden jerárquico no era la misma. Poco importaba si decenas, centenas de capitanes

Rocca estaban repartidos por los alrededores para garantizar la seguridad, poco importaba el número de helicópteros y de tiradores de élite movilizados para velar por la tranquilidad de los amigos de Kissinger: la verdad es que su opinión frente a los papas de la IA no era muy distinta de la de todos los capitanes Rocca de Lisboa y del resto del planeta. Los unía el mismo desconcierto.

Frente al mundo nuevo que se avecinaba, los amigos de Kissinger estaban tan desvalidos como cualquiera que pasara por allí. Quizá más todavía, ya que su papel les exigía proyectarse en el futuro para tomar decisiones, elaborar planes y calcular inversiones. Con semejante objetivo, estaban habituados a la idea de que procurarse información es el mejor medio para reducir la incertidumbre sobre el futuro. Lejos de ser una instancia de gobernanza mundial, las reuniones como la de Lisboa sirven ante todo para esto: sacar ventaja en el intercambio con personas bien informadas.

En la hora de los depredadores, esta regla ya no se aplica. Hoy, poseemos cantidades enormes de información y cada vez somos menos capaces de predecir el futuro. Nuestros antepasados vivían en sociedades mucho más escasas de datos, pero podían hacer planes para ellos mismos y para sus descendientes. Nosotros tenemos cada vez menos idea del mundo en el que nos despertaremos mañana por la mañana.

Esta paradoja no es coyuntural, sino estructural. Dimana de la naturaleza misma de lo digital. Al reducir la realidad a una serie de 0 y de 1, la codificación numérica cumple con su implacable labor de homogenización, y elimina todo aquello que no puede ser cuantificado. Mediante este proceso, el paso de lo analógico a lo digital elude el sentido profundo de las cosas y abre de par en par las puertas al caos.

Esta es la razón por la que no tenemos futuro, al menos en el sentido en que nuestros abuelos tenían uno. Los futuros culturales plenamente imaginados son un lujo del pasado, dice William Gibson, una época en que el «ahora» duraba mucho más tiempo. Para nosotros, todo puede cambiar tan bruscamente que futuros como los de nuestros abuelos carecen del suficiente «ahora» que los sostengan.

Una realidad como esa es una realidad en la que solo los borgianos están cómodos, porque se alimentan del caos, y bien sabe Dios que la mayoría de las personas presentes esta tarde en Lisboa no guardan la menor simpatía por los borgianos, que pueblan sus peores pesadillas.

Pero he aquí que Altman y Hassabis acaban de presentarles una alternativa. La armonía del mundo se puede restablecer en todo su esplendor. La IA también se nutre del caos, pero en cambio promete un nuevo orden. Una gobernanza racional de la sociedad, decisiones tomadas basándose en datos, lo cual en teoría se parece al sueño de los tecnócratas. Solo hay un pero. Para que el reinado de la IA llegue, es necesario sustituir el conocimiento por la fe.

A la pregunta «¿Llegará un día en que las IA puedan explicar cómo toman ellas mismas sus decisiones?», los tecnólogos responden que eso no sucederá jamás, que los modelos se mostrarán fiables, dignos de confianza, y que con eso bastará.

Como el Dios de Kierkegaard, la IA no puede ser pensada en términos puramente racionales. El único medio de entrar en relación con ella es hacer un acto de fe. Su gran promesa es predecir, aunque no se comprenda. Los tecnólogos no ven dónde está el problema. Porque no les interesa ni la historia ni la filosofía, no se dan cuenta de que su proposición equivale a una vuelta a una época anterior al Siglo de las Luces, a un mundo mágico, incomprensible, regido por la IA a la que rezaremos como a los dioses de la Antigüedad.

«No son siempre los mismos dioses los que reinan en el cielo, no son siempre los mismos imperios los que recaudan los impuestos en las ciudades y los campos», dice Moctezuma en su diálogo imaginario con Italo Calvino. Él y cuantos son como él se resignan de buen grado.

Kissinger es más correoso. Su cuerpo es una ruina y necesita ayuda para poder levantarse. Su voz cavernosa, célebre desde siempre por su ininteligibilidad, se reduce a un borborigmo casi indiscernible. A punto de cumplir cien años, podría estar en cualquier otra parte, pero en vez de eso está aquí, en el salón de este hotel de Lisboa, debatiendo sobre inteligencia artificial. Especialmente sobre sus «consecuencias», de las que está seguro sin lugar a dudas de que tan solo verá una pequeñísima parte.

Hace unos años, después de su primer encuentro con Hassabis, ya se planteaba la cuestión más difícil e importante: «¿Qué será de la conciencia humana cuando su propio poder explicativo se vea superado por la IA y las sociedades ya no sean capaces de interpretar el mundo en que habitan en términos que tengan un sentido para ellas?».

La verdadera novela anticipatoria de la IA es *El proceso*, de Kafka, en la que nadie comprende lo que sucede, ni el acusado ni los jueces que lo imputan, y sin embargo los acontecimientos siguen su curso inexorable. En *El castillo*, la otra gran novela de Kafka, cuando trata de concentrarse en el centro del poder que controla su destino, sin tener acceso a él jamás ni obtener el menor indicio, la mirada de K., el protagonista, «resbala hacia el castillo, sin poder agarrarse a nada». Y cuando intenta telefonear, no oye al otro lado de la línea más que un canturreo de voces lejanas o, por el contrario, una voz severa y orgullosa que se niega a darle ninguna explicación.

Para algunos, el Castillo ya está aquí. Cuando se dice que el futuro está entre nosotros, pero distribuido de manera desigual, se quiere decir en realidad que los privilegiados ya tienen acceso a las tecnologías del futuro, mientras que los demás van rezagados. En el caso que nos ocupa, la situación es la inversa. El Castillo, por el momento, no es más que una hipótesis para las clases acomodadas, mientras que es ya una realidad para los que se hallan en la parte baja de la escala social. Los distribuidores, por ejemplo, ya no tienen apenas ningún contacto con un ser humano en el desempeño de su trabajo. Su único interlocutor es una aplicación en su teléfono móvil. Esa aplicación les asigna las tareas que han de hacer, los guía en su labor, evalúa su rendimiento según una lógica que a veces parece comprensible y luego, de repente, impenetrable. Si algo no funciona, si el distribuidor se enfrenta a un hecho imprevisto, o si el mecanismo se bloquea, no hay nadie a quien apelar. La aplicación saca sus conclusiones y emite su juicio. El buen sentido y la sensibilidad de un ser humano han sido deliberadamente descartados. A lo sumo, el distribuidor puede dirigirse, como una formalidad, a un centro de llamadas situado a miles de kilómetros, donde, al cabo de una espera interminable, será consolado por un ser humano tan desprovisto de poder como él.

Con el paso del tiempo, el Castillo ocupa nuevos espacios y se extiende a otros ámbitos de actividad. Cuanto más aumentan las capacidades de la IA, más sube el Castillo por los escalones de la jerarquía social. Si los obreros son reemplazados por máquinas, los distribuidores se transforman progresivamente en máquinas ellos mismos; un fenómeno similar afecta hoy en día a los empleados, a los funcionarios, y así hasta llegar a lo que se llamaba antaño profesiones liberales. En un futuro ya muy próximo, los médicos, los contables y los abogados deberán adaptarse a las instrucciones que determine la IA y justificarse mucho en el caso de que decidan optar por un comportamiento divergente. Solo los más poderosos tendrán margen de maniobra, y aun así, quién sabe por cuánto tiempo.

El Castillo conquista a cada instante nuevos territorios y, tal como los amigos de Kissinger suponen confusamente, llegará un día en que termine por atraparlos también a ellos, cuando la aplastante superioridad de los algoritmos que juzguen a los políticos y a los grandes dirigentes se imponga sin la menor sombra de duda. Ese día, el Castillo habrá cubierto toda la Tierra y los únicos que podrán bailar, libres y caprichosos cuales duques de Sajonia modernos, serán los sacerdotes del nuevo culto, los conquistadores de la IA, que saborearán por un momento la ambrosía de los dioses, antes de ser relegados también al olvido por la matriz del posthumano.

En la grisura desafecta de la gran periferia parisina se halla una población de catorce mil habitantes que en nada se diferencia de otras ciudades recientes, salvo por el bonito nombre que tiene: Lieusaint [Lugarsagrado]. Su alcalde, Michel Bisson, es un cincuentón franco, decidido, con el que bastan cinco minutos de charla para descubrir en qué consiste el encanto de la política local: una raigambre y un conocimiento profundo del territorio, el gusto por el detalle, la ambición de producir un impacto en la realidad. La capacidad para gestionar los conflictos, conciliar exigencias contradictorias y tomar decisiones en un contexto impreciso. Una aptitud para captar la ironía de las cosas. Una pequeña dosis de fatalismo. Y además, claro está, la parte inevitable de picardía, de saber mandar, de prestar atención. Pero sobre todo el gusto por el contacto humano, por su calor y por las sorpresas que conlleva. Todo lo contrario de los ásperger de la tecnología y de su deseo maniático de transformar al hombre en máquina.

En un cuarto de siglo de mandato, el alcalde se las ha visto de todos los colores, pero hace unos años tuvo que enfrentarse a un problema sin precedentes. Cada día, a partir de las siete de la mañana, en lugar de permanecer en la Francilienne* y en la A5 en dirección a París y dejar de lado su municipio, cientos pero enseguida miles de coches empezaron a salir de la red viaria para cruzar por el tranquilo centro y los barrios residenciales del norte de Lieusaint. De pronto, una horda de vehículos pesados y todoterrenos surgió delante de los chalés dormidos que hay alrededor del bosque de la Flâche y del canal de Ormoy, entre los plátanos del paseo público de Pepinières y frente a la sala de usos múltiples de la rue de Tigery,

* Así llamada la red viaria que conforma el tercer anillo circunvalar del Gran París. (*N. del t.*)

sin siquiera aminorar la velocidad a la altura de la guardería de la rue de Saule-de-la-Chasse ni ante los colegiales de la escuela El Principito. Salvo que se vieran obligados a desistir por los atascos que empezaron a formarse por todas partes.

En pocos días, los barrios residenciales de Lieusaint se transformaron en un infierno urbano: acompañar a los niños a la escuela se convirtió en una carrera de obstáculos, en todo momento se corría el riesgo de ser atropellados, sin contar el pitido de los cláxones, los choques, los tapones, los retrasos, y no hablemos ya de la contaminación.

No tarda mucho tiempo el alcalde en comprender que la causa de todo ello es una pequeña marioneta sonriente que todos los conductores conocen y valoran: Waze, la aplicación de Google que sugiere los itinerarios más rápidos en tiempo real y permite ganar tiempo evitando los embotellamientos. Una bendición para los conductores, como una especie de dedo de Dios que baja del cielo para mostrar el camino. Pero, al contrario que Dios, Waze no tiene más que una sola misión, hacer ganar tiempo a sus usuarios. Cualquier otra consideración la deja fría. Si salir de la autopista para atravesar un barrio residencial, irrumpir a toda velocidad por las guarderías y los asilos de ancianos y poner en peligro la tranquilidad y la seguridad de los lugareños puede hacer ganar siquiera un minuto, un miserable minuto a uno de sus millones de usuarios, Waze lo empuja obstinadamente en esa dirección.

Al igual que sus creadores, Waze padece de ásperger: sus esfuerzos se concentran en un solo objetivo. Todo lo que obstaculice su consecución no es más que ruido, inútil en el mejor de los casos o abiertamente perjudicial.

El punto de vista del alcalde de Lieusaint es un poco distinto. Bisson no es un ludita, ni mucho menos. Hace unos años, fue uno de los primeros alcaldes de la región en acoger un centro de datos en los terrenos del municipio. Cuando vuelve a su casa, se entretiene con videojuegos y él mismo es un usuario de Waze, pero, ahora, dada la situación, no puede quedarse de brazos cruzados.

Después de realizar un profundo examen del asunto, decide modificar el plan de circulación de su localidad, pone calles de sentido único y baja la limitación de velocidad a treinta kilómetros por hora. Luego instala un semáforo rojo en el bulevar de Europa en un lugar donde no es necesario, con la única finalidad de hacer perder dos minutos a los conductores y disuadir así al algoritmo de Waze. Todo el problema consiste en hacer desistir a los automovilistas de paso, sin fastidiar demasiado a los residentes. Las medidas producen su efecto, pero no arreglan el problema.

Bisson decide ir más arriba, ya que la dificultad sigue siendo que Waze aparece en todas las plataformas online. Es una marca conocida por todos, con cientos de millones de usuarios, un negocio de miles de millones, de un profundo impacto en la vida de las ciudades y de vastos territorios del planeta. Pero si necesitas hablar con alguien, no hay en Francia ningún empleado ni ningún número de teléfono a quienes puedas dirigirte. Solo el rumor de las voces lejanas del Castillo.

Al analizar el problema, el alcalde descubre que Waze se basa en el trabajo de cartógrafos voluntarios que catalogan los diferentes tipos de carreteras y ayudan a la aplicación a desarrollar una percepción más afinada del contexto territorial. Una vez más, como en la mayoría de los casos, el Castillo se apropia de un bien público y lo transforma en beneficio privado. Como buen político, Bisson trata de sacar partido de la situación contactando con los cartógrafos para pedirles que cataloguen como vías rurales algunas de las carreteras de Lieusaint sobre las que la aplicación vierte su flujo de usuarios. Los cartógrafos son sensibles a la situación, pero sus posibilidades están limitadas: «Tienen su amor propio —dice el alcalde—, es normal, se entregan a su trabajo, no pueden catalogar a la buena de Dios».

Llegados a este punto, no queda más que la solución nuclear. Los medios de comunicación. Pese a lo que digan las redes sociales y sus amos, que las asimilan a las élites dirigentes, la prensa sigue siendo un contrapoder. Bisson convoca a los periodistas, recalca repetidamente su historia, sube el tono, es expresivo, sabe ganárselos. El «alcalde anti-Waze» se vuelve viral, lo cual le fastidia un poco, porque no es nada ludita, pero no puede evitarlo.

Por fin, alguien se manifiesta desde el Castillo. Es todavía la época en la que las plataformas se preocupan un poco por la mala prensa. Como no hay una sede de Waze en Francia, una escuadra de subalternos desembarca desde el cuartel general europeo en Ámsterdam. Bisson los recibe en la sala de juntas del ayuntamiento y les expone el problema. Ellos, muy educados, se muestran comprensivos y toman nota. Bisson, que no ha nacido ayer, se da cuenta enseguida de que están ahí solo para hacer un paripé, porque es evidente que no tienen ningún poder. Ellos también son meras piezas del engranaje de la máquina algorítmica.

Ya por desesperación, el alcalde les ruega que integren al menos algunos parámetros. Por ejemplo, ¿por qué no tener en cuenta las escuelas y los hospitales para protegerlos de las hordas a las que se dirige la aplicación?

Los emisarios del Castillo escuchan contritos, luego se excusan cortésmente y se marchan. El alcalde no volverá jamás a oír hablar de ellos.

Una vez acabado su relato, Bisson alza los ojos. Nos encontramos en la misma amplia sala de la alcaldía en la que recibió a la delegación de Waze. La tenue luz invernal que entraba hasta ahora por la ventana ha dado paso a la luminosidad de los fluorescentes municipales.

—¿Cree usted que hicieron algo?

—No sé, ¿usted qué cree?

—Yo no sé nada.

El alcalde de Lieusaint sonríe, la lucha continúa.

NOTAS BIBLIOGRÁFICAS

Páginas 11-12. La introducción de este libro contiene implícita una cita de Sándor Márai que merece ser leída en su integridad: «Quizás las luces del mundo se apaguen, como esta noche se han apagado en la ciudad; quizás ocurra una catástrofe natural, mayor aún que una guerra, quizás haya madurado algo en el alma de los seres humanos, en el mundo entero, y se esté ya discutiendo y arreglando, a sangre y fuego, todo lo que hay que discutir y que arreglar. Hay muchas señales que así lo indican. Es posible que así sea». (Sándor Márai, *El último encuentro*, traducción del húngaro por Judit Xantus, Salamandra Ediciones, Barcelona, 2025.)

Página 14. Mérimée, en Paul Morand, *Journal d'un attaché d'ambassade (1916-1917)*, Gallimard, París, 1996, p. 64.

Página 18. Flaubert, *L'Éducation sentimentale*, Gallimard, París, 1972, p. 352.

Página 20. Véase José Ortega y Gasset, *El origen deportivo del Estado*, Universidade da Coruña, Servizo de Publicacións (2011).

Página 23. El juego sobre los porcentajes de series está sacado de: David Sirota, «What *Veep* Got Right About Our Government», *Salon*, 27 de junio de 2013; en internet: <https://www.salon.com/2013/06/27/what_veep_got_right_about_our_government/>.

Página 27. Vladislav Surkov, en internet: <https://actualcomment.ru/kuda-delsya-khaos-raspakovka-stabilnosti-2111201336.html>.

Página 30. Tolstói, en Nicola Chiaromonte, *Credere e non credere*, Bolonia, Il Mulino, 1993, p. 61. Chiaromonte completa con sus propias palabras, que he traducido en la frase que sigue a la cita.

Páginas 32-33. Michel Crépu, *Le Souvenir du monde. Essai sur Chateaubriand*, Grasset, París, 2011, p. 178.

Página 33. Tony Blair, *On Leadership. Lessons for the 21st Century*, Crown, Nueva York, 2024.

Página 40. Alexandre Kojève, entrevista con Gilles Lapouge en enero de 1968: «Los filósofos no me interesan, yo busco sabios», en *Le Grand Continent*, 25 de diciembre de 2020; en internet: <https://legrandcontinent.eu/fr/2020/12/25/conversation-alexandre-kojeve/>.

Página 47. Véase François Guichardin, *Histoire d'Italie. 1492-1534*, Robert Laffont, París, 1996.

Páginas 47-48. Leonardo da Vinci, en Patrick Boucheron, *Léonard et Machiavel*, Verdier, París, 2008, p. 99.

Páginas 59-61. Véase Nicolás Maquiavelo, «Descrizione del modo tenuto dal duca Valentino nello ammazzare Vitellozzo Vitelli, Oliverotto da Fermo, il signor Pagolo e il duca di Gravina Orsini» (*Opere*, Gaetano Cambiagi, Florencia, 1782, pp. 116-122).

Página 62. Nicolás Maquiavelo, *El príncipe*, capítulo 3, «Sobre los principados mixtos», traducción de Mercedes López Suárez, Temas de Hoy, Madrid, 1994.

Página 64. Véase Roger Nimier, *L'Élève d'Aristote*, Gallimard, 1982, p. 93.

Página 66. Tolstói desarrolló el tema de la superación de obstáculos de los poderosos en *Guerra y paz*. Véase también el excelente comentario de Nicola Chiaromonte, *op. cit.*, pp. 43-82.

Página 67. Johann Wolfgang von Goethe, *Entretiens avec le chancelier F. de Muller*, Stock, París, 1930, p. 254.

Página 73. Las citas de Nayib Bukele están sacadas del discurso que pronunció en la Asamblea General de la ONU el 24 de septiembre de 2024, así como del artículo de Vera Bergengruen, «How Nayib Bukele's "Iron Fist" Has Transformed El Salvador», *Time Magazine*, 29 de agosto de 2024; texto íntegro en internet: <https://time.com/7015636/president-nayib-bukele-interview/>.

Página 85. Bismarck, en Henriette Levillain, *Saint-John Perse*, Fayard, París, 2013, p. 284.

Página 86. El cardenal de Retz habla de unos filósofos «que no cuentan para nada [en política] porque nunca echan mano a la alabarda», en sus *Mémoires* (*Oeuvres*, «Bibliothèque de la Pléiade», Gallimard, París, 1984, p. 817).

Página 89. Véase Janan Ganesh, «Beware of the professional ghetto», *Financial Times*, 17 de agosto de 2024.

Página 109. Yann LeCun, intervención en la Noche de las Ideas 2022 de la Villa Albertine, en Nueva York; en internet: <https://www.youtube.com/watch?v=f8js7OLig9U>.

Página 113. Almirante Tirpitz, en Peter Sloterdijk, *Les Lignes et les Jours. Notes 2008-2011*, Libella, París, 2014, p. 227.

Página 115. Curzio Malaparte describe su rutina parisiense en *Diario de un extranjero en París*, Tusquets, Barcelona, 2014. Los elementos biográficos están sacados de Maurizio Serra, *Malaparte. Vies et légendes*, Grasset, París, 2011.

Páginas 118-119. Curzio Malaparte, *Técnicas de golpe de Estado*, BackList, Barcelona, 2009.

Página 126. Amelot de la Houssaie atribuye la cita directamente a Luis XI, quien lo más probable es que no la haya pronunciado nunca, en *Tacite, avec des notes historiques et politiques*, Ámsterdam, 1721, tomo IV, p. 113.

Página 133. William H. Prescott, *The Conquest of Mexico*, Simon Publications, Safety Harbor FL, 2001, p. 487.

Página 135. Joseph de Maistre, en Antoine Compagnon, *Los antimodernos*, Acantilado, Barcelona, 2007.

Página 139. Francesco Cossiga, *Italiani sono sempre gli altri*, Mondadori, Milán, 2007, p. 195.

Página 141. Kissinger, en Timothy Naftali, «Kissinger's Contradictions», *Foreign Affairs*, 1 de diciembre de 2023.

Página 142. Churchill, en Henry Kissinger, *Leadership. Six études de stratégie mondiale*, Fayard, París, 2023.

Página 144. Henry Kissinger, «How the Enlightenment Ends», *The Atlantic*, junio de 2018.

Página 152. Véase William Gibson, *Identification des schémas*, Au diable vauvert, 2004.

Página 154. *Le Grand Continent*, 10 de abril de 2023; en internet: <https://legrandcontinent.eu/fr/2023/04/10/calvino-et-moctezuma-dialogue-de-fin-des-temps/>.

Página 155. Franz Kafka, *El castillo*, Penguin Random House, Barcelona, 2004.

OBRAS CONSULTADAS

Agamben, Giorgio, *La Guerre civile. Pour une théorie politique de la* stasis, Points, París, 2015.

BBC, *The Kingdom. The World's Most Powerful Prince.*

Bernabè, Franco y Massimo Goggi, *Profeti, oligarchi e spie. Democrazia e società nell'era del capitalismo digitale*, Feltrinelli, Milán, 2023.

Chesnot, Christian y Georges Malbrunot, *MBS confidentiel. Enquête sur le nouveau maître du Moyen-Orient*, Michel Lafon, París, 2024.

Ferroni, Giulio, *Machiavelli, o dell'incertezza*, Donzelli, Roma, 2003.

Garapon, Antoine y Jean Lassègue, *Le Numérique*

contre le politique, Presses Universitaires de France, París, 2021.

Hubbard, Ben, *MBS. The Rise to Power of Mohammed bin Salman*, Crown, Nueva York, 2020.

Issenberg, Sasha, *The Victory Lab. The Secret Science of Winning Campaigns*, Broadway Books, Nueva York, 2016.

Kaiser, Brittany, *L'Affaire Cambridge Analytica*, HarperCollins France, 2020.

Labruffe, Alexandre, *Un hiver à Wuhan*, Verticales, París, 2020.

Lanier, Jaron, *You Are Not A Gadget*, Knopf, Nueva York, 2010.

McNeill, William H., *La Recherche de la puissance. Technique, force armée et société depuis l'an mil*, Economica, París, 1992.

Pocock, John G. A., *Le Moment machiavélien*, Puf, París, 1997.

Schmitt, Carl, *Machiavel, Clausewitz. Droit et politique face aux défis de l'histoire*, Krisis, París, 2007.

Sudjic, Deyan, *The Edifice Complex. The Architecture of Power*, Penguin, Londres, 2011.

Susskind, Jamie, *Future Politics*, Oxford University Press, Oxford, 2018.

Toft, Monica Duffy y Sidita Kushi, *Dying by the*

Sword. The Militarization of US Foreign Policy, Oxford University Press, Nueva York, 2023.

WYLIE, Christopher, *Mindfuck. Le complot Cambridge Analytica pour s'emparer de nos cerveaux*, Grasset, París, 2020.

ÍNDICE